Money錢

Money錢

當媽是一種修行

焦慮的大人聽不見孩子心聲，
做一個不那麼累的媽媽！

Money錢

目　錄

目 錄

目　錄

媽媽的心情筆記

前言

育兒事大 眞急不得

沒有女人天生是母親，當然，也沒有男人天生是父親。對於毫無經驗卻倉促上場的爸爸媽媽來說，他們不得不面對一個從未見過的世界：育兒世界。

這個育兒世界對於新手爸媽而言，無論從哪方面來說都極具挑戰。

婚姻經濟學更是值得每個家庭去探索的學問。但不得不說，全世界的媽媽大都有著一樣的焦慮、恐懼和欲望。

人類的每一位成員都會經歷從出生到獨立這一異常艱辛的過程，而這個過程讓女人成爲母親。

如同生活中所有的事實一樣，生孩子這件事沒辦法討價還價。

有一本書裡講述到，爲了孩子，爲了一個在你體內發育的生命，你孕育他，耗損自己的身體，把他生下來，哺乳餵養，讓他成爲你的宇宙，而且這不是幾個小時的事，時間也不是幾天、幾週，而是幾年——女性每分每秒付出的母愛，讓「自我」與「他人」之間的界限從根本上模糊起來，一邊是自利，一邊則是對他人無微不至的關懷與照顧。

很多時候生活都會給媽媽們一張提醒單，提醒著媽媽們「永遠要提前準備，很早、很早以前就要開始準備」。一個媽媽只要開始擁有孩子、成爲母親，她接下來的所有事情都將環環相扣。

「環環相扣是一種令人很焦慮的育兒方式，讓人活得很緊張，因爲你永遠不能鬆懈，永遠不能休息，不管什麼事都一樣。」

你要從多早就開始爲擁有一個孩子做好優生教養的準備？剛懷孕就需要提前預約好產房嗎？孩子剛出生就得買好學區房？小學眞的會影響孩子上哪所大學嗎？什麼是傳說中的神童……自從擁有了孩子，媽媽們不得不面對這樣一個現實：似乎自己總是落於人後，似乎一切都是因爲自己沒能早做打算。

很多媽媽到後來焦慮到需要吃藥才能睡著，甚至

在半夜一個人偷偷哭泣，因爲她們會在半夜突然驚醒，擔心孩子在學校表現不夠出色、孩子怎麼變得叛逆不聽話了，或老公怎麼一點都不關心這個家。

好像媽媽的幸福快樂、存在的價值，都得寄託在她們完全無法控制的人和事上。孩子的反應和表現也常常成爲媽媽的焦慮點：孩子表現這麼糟，我是不是一個不稱職的家長？

育兒過程其實是雙面的。一方面，需要家長傾力教導；另一方面，也需要孩子配合學習，誰都無法取代對方的位置。過度焦慮，會讓我們失去解決問題的能力，淪爲焦慮和抱怨的奴隸。

作爲家長，我們要學會拋開別人的眼光，把注意力放在自己能夠改變的因素上，這樣育兒就會輕鬆許多。我們要學會分辨責任的界限。要獲得人生幸福，方法之一就是學會「課題分離」，即你的人生是你的課題，孩子的人生有他們自己的課題，不要干涉別人的課題，做好自己就好了。

養育孩子是個自然的過程，有科學的指導會錦上添花，但哪怕走了些彎路也終究會水到渠成。而且，生長在幸福和諧家庭的孩子，優秀是很自然而然的事情。

請消除心裡的那些焦慮，享受和孩子相處的每一刻，孩子自然會成長爲你所期待的樣子。

Part 1

今天，你焦慮了嗎？

──養兒焦慮害了孩子 也累壞了自己

爲什麼媽媽總是很焦慮，
總是擔心自己做得不夠好、不夠多，
生怕自己對孩子的未來造成
什麼不良影響……

Chapter 01

媽媽的無限恐慌：別讓孩子輸在起跑線上

誰讓育兒恐慌氾濫成災？

有的人很難理解媽媽為什麼總是在焦慮，但實際上讓媽媽焦慮的事情非常多，升學壓力、孩子生病、衣食住行等以及其他一點點小事，都可能讓媽媽的情緒無法平靜。

~ 媽媽焦慮每日一記 ~

~ 焦慮背後的問題 ~

比如孩子早上起床拖拉、寫作業磨蹭、上課不認真聽講、被老師點名批評，媽媽工作加班不能陪孩子⋯⋯

很多時候，這些無止盡的小事就給媽媽造成了壓力，更別提令全世界媽媽都焦慮的教育問題了。

2018年，印度電影《人生起跑線》戳中無數父母的淚點，他們為了讓孩子能接受到更好的教育真的是費盡心思；同年，韓國電視劇《天空之城》揭秘韓國頂尖名流子女教育，令無數家長望洋興嘆。

2019年，溫絲黛．馬汀（Wednesday Martin）在其書中以自己的親身經歷，為讀者揭示了一個美國上流社會在孩子教育問題上瘋狂比較的現象。她鞭辟入裡地形容：「曼哈頓私立貴族學校早上與下午的接送區是世界上最危

機四伏、你爭我奪、血流成河、龍爭虎鬥的地方。」

國內自然也不能倖免，朋友圈裡經常被順義媽媽和海淀媽媽洗版，那種不斷渲染的「育兒名利場」更是讓很多媽媽有一種來自身邊的壓力。（編按：順義及海淀是位於北京的兩個地區，現在變成網路流行語，各自代表對子女教育投入極大心力的不同媽媽族群。）

在「雙減政策」（減輕學生校內作業及校外學習壓力）的影響下，家長的育兒焦慮稍顯緩解，但仍然有很多家長進入了比較的漩渦，比玩具、比生日會、比誰給孩子報的興趣班多……有的家長精疲力竭地去適應這種育兒比較，最終卻發現自己連當個普通媽媽都很難。

對此，有人比喻成劇場效應，即「在一個劇院裡，當前排人站起來時，整個屋子的人都不得不站起來」。但這種你追我趕的育兒比較真的有必要嗎？換句話講，當你陷入育兒比較漩渦的時候，不妨問問自己，你真的別無選擇嗎？孩子真的喜歡你這樣做嗎？這樣對孩子真的好嗎？既然前排有人站起來這麼累地看這部劇，那你是否可以換個劇場呢？

從眾或許很簡單，但是選擇一條真正適合自己和孩子的路，才更重要！畢竟想要適應育兒比較，甚至在其中略勝一籌，不僅需要後天的物質條件，還需要孩子的

天賦、能力，以及環境等各種因素配合。

因此，當你打擊、指責孩子時，不妨先問問自己是否能夠在家長比較的賽道中勝出。

正向心理學之父馬汀．塞利格曼（Martin Seligman）寫道：「分清了什麼是可以改變的和什麼是我們必須接受的，就是真正改變的開始。利用我們寶貴的時間去改變那些可以改變的、值得我們去改變的東西，我們的生活就會少一些自責，多一些自信。這樣，我們對於我們是誰和我們在做什麼就會有一個全新的認識。」

對於孩子來說，後天影響更重要，媽媽們與其焦慮於育兒名利場，不如抓住一點真正屬於自己的東西，與孩子一起快樂成長。

一、高品質陪伴

根據世界衛生組織公布的一項研究資料，平均每天能與父母共處超過2個小時的孩子，比其他孩子智商要高。

很多父母由於各種原因，會把孩子交給他人照料，很少耐心地陪伴孩子，也有的父母給孩子的陪伴就是一人一台電子設備，互不干擾。

實際上，孩子需要的是優質陪伴，也就是高品質的陪伴。

透過遊戲玩耍的養育方式，是家長和孩子重建親子深情聯結的橋樑之一。除了一起玩遊戲，親子閱讀也是孩子未來一筆不可估量的財富。

二、不吼叫孩子

當孩子做錯事情的時候，一味吼叫對於解決問題收效甚微，甚至可能適得其反，引發孩子的叛逆心理。尤其對於處於叛逆期的孩子來說，言辭激烈的吼叫只會將孩子推得更遠。

在批評教育孩子的時候，與其大吼大叫，不如運用更容易讓孩子接受的「三明治法」，即將批評夾在表揚之中，使孩子更容易接受批評。

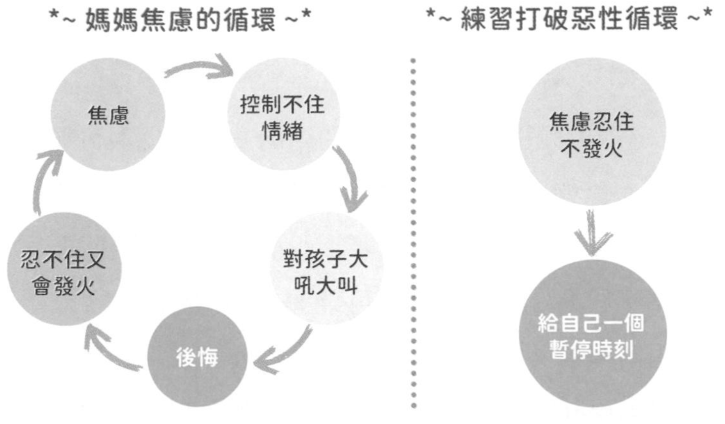

三、尋求幫助

孩子不僅是媽媽的，也是爸爸的。想要減少自己的焦慮，就要學會合作，讓孩子的爸爸參與到育兒中來。

四、透過現象看本質

看不到問題的本質，解決問題的方法也就很可能治標不治本。比如孩子沉迷3C產品，家長覺得禁止或者指責即可，但這樣的方式簡單粗暴，並沒有真正解決問題。

孩子沉迷3C產品，很可能是因為覺得自己有些無聊，生活單調又枯燥，抑或升學壓力大，找不到發洩的出口，只能用3C產品消磨時間或者尋求虛幻的成就感。

~ 只看焦慮的現象 ~

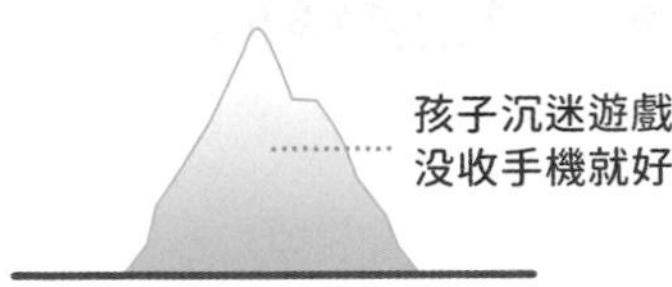

~ 要看焦慮的本質 ~

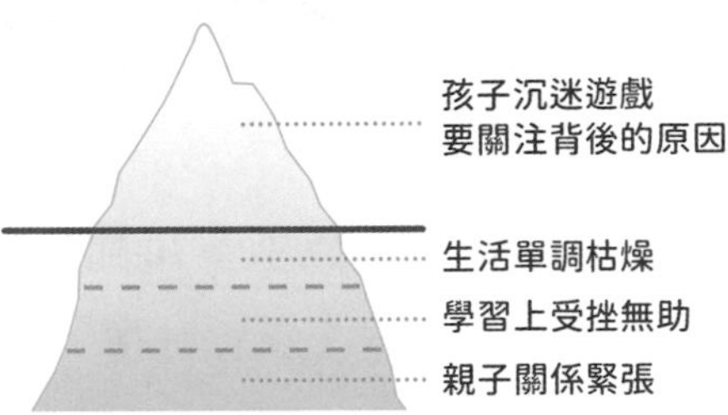

當我們發現問題時，要多觀察、多反思，只有找到本質，才能真正解決問題。

「望子成龍」意外造就了焦慮情緒

網路上幾乎每年都會調查「恐歸族」為什麼過年不回家，歷次調查發現，在「過年回家不快樂」的原因中，除了我們熟知的父母逼婚之外，排名第二的便是與父母「三觀不和」引發的各種觀念上的衝突。

有些父母不切實際的期望讓孩子壓力特別大，進而陷入自我否定和自我懷疑的惡性循環。也因為這種不適帶來的挫敗感，兒女對父母的反駁與抗議便會引起兩代人的衝突。

易中天老師對孩子的要求是「望子成人」，即真實、善良、健康、快樂地成長。他說：「為什麼一定要成龍？為什麼不能成虎、成豹？實在不行，成為一隻快樂的米老鼠不行嗎？」

作家龍應台在《親愛的安德烈》中說：「孩子，我要求你讀書用功，不是因為我要你跟別人比成績，而是因為我希望你將來擁有選擇的權利，選擇有意義、有時間的工作，而不是被迫謀生。當你的工作在你心中有意義，你就有成就感。當你的工作給你時間，不剝奪你的生活，你就有尊嚴。成就感和尊嚴，會給你快樂！」

父母與其望子成龍，不如讓孩子擁有自己的智慧和見識。

家長在孩子成長的過程中需要給孩子勇氣和判斷力。讓孩子學會透過事物看清問題的本質，找到事物的運行規律，摸清趨勢的發展動向。只有這樣，孩子才會找對自己的人生方向，不至於在錯的道路上一路狂奔，最後一無所得。

要讓孩子保持一個良好的心態，不斷開闊視野，讓自己的心性逐步趨於穩定。

最好的父母，都在以身作則。我們希望孩子成為什麼樣的人，自己就要成為什麼樣的人。

雖然生存環境不同，但是人的品質是不變的。如果你希望自己的孩子愛讀書，自己就要經常去讀書；你希望自己的孩子吃苦耐勞，自己在面對生活的困難時就要勇往直前；你希望自己的孩子善良孝順，你就要對自己的父母關懷備至。

如果你望子成龍，哪怕你自己無法成為人中龍鳳，也要讓孩子看到你為了追求目標而努力不懈和永不放棄的精神。

有些家長為了讓孩子成龍成鳳，給孩子報名各種才藝班，布置很多作業，自身卻沒有做好榜樣，試問孩子

又怎麼能學會自主學習呢？

言傳身教才是最好的教育。

父母要做的，是讓孩子自己做事，然後鼓勵他、支持他，教孩子學會明辨是非，讓孩子盡早養成獨立和自律的習慣。在適當的範圍內，盡量把選擇權交給孩子，這樣，家長和孩子都會有充足的精力做好自己的事。而且，孩子也會成為他自己想成為的樣子。

讓孩子變得優秀，家長就要著眼於培養孩子的自信。培養孩子的自信非常重要，但要明白自信來自本領和能力。一個孩子自信心的培養，需要的是時間、精力和心血！所以我們要讓孩子學會坦然面對自己，包容自己，看到自己的優點。

家長要透過鼓勵提升孩子的學習效率。在孩子的讀書階段，不要只關注成績。家長應順應孩子的成長規律，不增加無謂的損耗。

孩子的學習成績只是一個小小的方面，要在這個多變的社會上有立足之地，應該打造孩子的多元競爭力。

父母不要總是在焦慮的情緒下管理孩子，沒人會喜歡被貶損，誰都喜歡被誇讚。每個孩子都有亮點，看到他的亮點，挖掘出來，多誇獎他。這樣不僅孩子更喜歡和你溝通，你自己也能放下那些焦慮，和孩子的相處也

會更愉快。

好多家長甘願放棄自己的全部，把精力全部放在培養孩子上。其實家長應該把自己放在首位，當你自己變得優秀了，孩子耳濡目染，也會變得優秀。

對孩子的教育和培養是一項任重道遠的事業，而不是工作。

作家三毛說過，生命的過程，無論是陽春白雪，青菜豆腐，我都得嘗嘗是什麼滋味，才不枉來人世走這麼一遭！

既然我們將孩子帶到這個世界，就應該放下那些焦慮，盡力做最好的父母，讓孩子感知這個世界的風景。

如此，才能望子成龍，望女成鳳。

別讓「愛」成爲孩子的負擔

有一位媽媽說，很多時候，她覺得自己是世界上最愛女兒的人，覺得自己為女兒所做的一切都是為了她好，可有一天，女兒卻對她說：「媽媽，你給我的愛太多了，你什麼事都為我擔心，什麼事都想幫著我做，可總有一天，我會離開你獨自生活呀，那時候，你該怎麼辦呢？」

她回答道：「因為你現在還小，等你長大了，我就不會為你擔心了！」雖然嘴上這樣說，其實，她知道她沒辦法放手，不管再過多少年，女兒在她心裡永遠都是孩子，她會始終牽掛著女兒。

可女兒說得很對，如果媽媽就這樣一直不肯放手，那等她長大了，怎麼去適應這個社會呢？在這個矛盾中，其實做父母的都會掙扎，當孩子慢慢長大，很多事情有了自己的想法，很多事情都需要自己去獨立完成，如果再對孩子加倍呵護，這種愛會成為孩子的一種負擔，會讓孩子覺得很累，而作為家長的我們，到時候可能為孩子擔心得更多，那我們該怎麼辦呢？

其實真正的放手，不僅僅表現在口頭上，更重要的是行動上，我們要教會孩子識別危險、避免危險，而不是替代孩子去做那些事。

這話說起來很容易，做起來真的很難。

缺乏相應參照和養育經驗的背後，媽媽們很容易陷入一種詭異的下降式螺旋之中：「我為孩子做得夠不夠多？我對孩子夠不夠好？」即使自己已經累到完全沒有自己的空間，卻還在自責沒有為孩子準備好很多很多成長所需。如果孩子生了病，怪自己太粗心，沒有照顧好孩子；孩子獨自出門，第一反應就是擔心孩子會被人販子抓走，或擔心孩子被車撞到。

這些媽媽們不斷地在社會標準、自我評價和家人肯定中尋找答案，任何一句否定都會促使她們將自我付出全盤推翻。這一切的原因，在於經驗的缺乏和自我信心的不足，更在於「人科動物對歸屬感的認知」。

如果父母能夠將孩子的成長放在長遠的角度來看，孩子代表未來，孩子是否健康成長代表家族的衰落或者興旺——孩子學習差不一定代表孩子沒有健康成長，不聽話也不一定代表孩子沒有健康成長。這樣一來，也許父母就不會只是盯著孩子的分數，完全忽略孩子的身心感受，也不會只是因為孩子不聽話，沒有按照自己的安排去做而憤怒和埋怨。

同時父母也會看到，將孩子放在真實的環境中成長，遠比給孩子造一個假的、完美的環境更利於孩子的社會心理成長，這樣世間也就少了很多以愛的名義所導致的悲劇。

如今很多年輕人控訴父母做得不夠，父母大喊不公：「我都為你付出這麼多了，你還要怎麼樣？」

付出是給予，可給予是愛嗎？

心理學家佛洛姆（Erich Fromm）說，愛是一種行動，不是一種消極的情緒——愛主要是「給予」，而不是「接受」。

給予的內容不單單是物質的，還可以是幽默、知識、理解、興趣等等。

可是給予很複雜，不單單是家長把這個東西給孩子就行了。如果給予者將付出視作犧牲，同時有一種被剝奪感，那麼他其實是希望對方能夠有所回報的，這樣的關係本質上是一種交換。那麼作為接受方，孩子感到的是內疚和壓力。

在很多「以愛之名」的關係裡，對孩子的尊重和了解其實很難做到。

孩子的命運，太多受父母各種因素的影響。所以，父母學習智慧地教導孩子的方法，支持孩子健康成長，家族就會一代比一代強。

沒做母親時，我們都知道「母親是偉大的」，但是只有做了母親之後，才能切身地感受到，孩子的一切，都與自己息息相關。

有老師說，讓父母從自身的覺察和改變開始，深刻領悟怎樣信任孩子、怎樣支持孩子、怎樣做好孩子的榜樣，以及在孩子犯錯時如何正確引導。從愛的意義、愛的支援、愛的界限、愛的成全、愛的方法5個面向教給家長愛的智慧，讓家長學會以最恰當的愛滋養孩子成長，支持孩子活出自己的生命動力，成就孩子的豐盛人生。

做了母親後，我切身體會到了為人父母身上的那份重任。那份重任，不僅僅是為人父母發自內心的對孩子的愛，更是一種對自己作為父母的角色要求與擔當：要求自己懂得愛孩子，擔當起培養、教育好孩子的重任。

每個孩子從脫離母體那一刻起，就成為單獨的個體，隨著年齡的增長，身心也在飛速發展著。所以，對待孩子，我們不僅僅只是表面上將孩子撫養成人。與其給予孩子財富，不如把孩子變成財富，讓孩子內心變得富足，頭腦變得有智慧。

為了能更好地認識我們自己的孩子，家長應該去了解每個年齡層孩子的心理特點。陪伴孩子走完成長之路是我們一生的功課，每個父母都希望孩子健康快樂地長大。

父母就是孩子人生的畫筆，所以不要愛得太滿，要給孩子的人生留有空間。

孩子將來成為什麼樣的人，有什麼樣的人生，選擇什麼樣的道路，與從小父母對自己愛的方式、愛的多少，都有很大的關係。

如果父母真正地為孩子好，就要站在孩子的角度，給孩子充足而合適的愛，理解和尊重孩子，而不是以自己的主觀想法為主，想當然地給孩子自己所認為的「最好」的愛。其實，這兩者之間最根本的區別，也是造成這種區別的最根本原因，就是：父母是否有一顆願意去學習和成長的心。

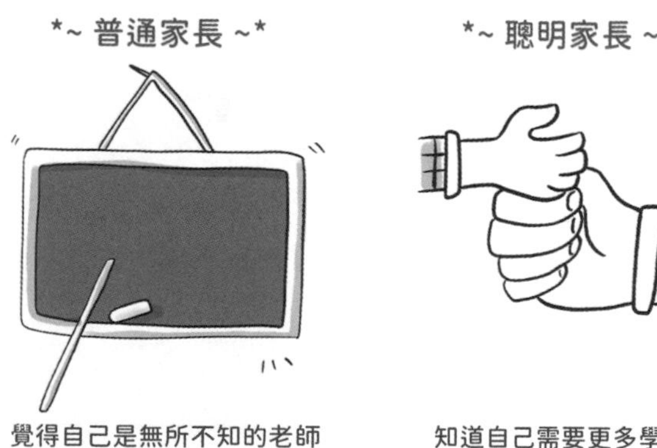

覺得自己是無所不知的老師

知道自己需要更多學習

當一個家長發現自己身上的不足以及這種不足給孩子帶來的傷害時，會迫切地去學習和成長。

學習是家長一輩子要做的事情，不要用過度的愛把孩子養成「巨嬰」。

有一句話說，教育孩子就像培育一棵小樹苗，聰明的家長懂得從小給孩子埋下智慧的種子，不會給他過剩的營養，我們要做的就是，在遠方為孩子投來愛與信任的目光，相信孩子有一天終會成長為參天大樹，國之棟樑。

養育孩子的路上，只有父母保持一以貫之的學習狀態，才能跟上孩子成長的步伐，才能讀懂孩子心裡所想，助力他們的成長。

「比較」讓親子關係更緊張

2017年，一位上海退休教授撰寫的《牛蛙之殤》刷爆了朋友圈，文章中那個患上抽動症的孩子讓很多人大呼心疼。

什麼是「牛蛙」？考上了上海四大名校的孩子就叫「牛蛙」，其餘的只能算「青蛙」，這聽起來讓人啼笑皆非。

文中孩子的父母一開始就喜歡和鄰居家比拼，孩子上各種補習班連續上了3年，最後居然是鄰居家的孩子當上了「牛蛙」，自己家孩子是「青蛙」，這讓他們無法接受，甚至感到崩潰。

「我們家一直都要比他們家優越，這次反倒讓他們壓了一頭，讓他們嘲諷與看不起，這個氣讓我們難以下嚥。」比這個更讓人心酸的是，孩子患上了抽動症，這種病全名叫「小兒抽動穢語症候群」，是一種慢性神經精神障礙疾病，雖然不是很嚴重，卻很難治癒。醫生說這是孩子長期遭受壓力導致的。

在這個急速發展的社會中，每一個人都有很多負面情緒，每一個家庭都充滿壓力，似乎所有看起來的美好，都是用捨棄和難熬來堆砌的。這份壓力取代了孩子童年最珍貴的無憂無慮的時光。雖然說「吃得苦中苦，方為人上人」、「物競天擇，適者生存」，但是揠苗助長也會得不償失。

在孩子一次次表達想要享受他這個年齡該享受的童年快樂時，父母毫不在意。在孩子一次次被學校打擊，承受到這個年齡不該承受的壓力時，父母不僅沒有在意，甚至用失望再強加一份壓力給他。

一位心理學家曾說過，喜歡比較的人，在自己能力有限的情況下，往往會把期望寄託在周圍最親密的人身上，有的妻望夫貴，有的望子成龍，如果達不到預期，就會顯得暴躁、易怒，甚至引發心理疾病。

如果父母的天空總是佈滿陰霾，又怎麼能夠給孩子一片晴朗的天空？

教育孩子之前，家長一定要先正視自己。比較心態會造成嚴重的心理焦慮，其實很多父母都存在著這種焦慮。

這跟原生家庭長久以來的價值觀有著密切關係。愛比較的人，從小跟「別人家孩子」比，長大了跟「別人家老公」或是「別人家老婆」比，有了孩子開始跟「別人家的孩子」比，到老了依然逃脫不了這個宿命，又開始比孫子、孫女。用一句搞笑歌詞形容就是：「只要你過得比我好，我就受不了。」

《牛蛙之殤》裡說的家庭就是個典型，自己家裡的孩子考不好就算了，鄰居家孩子考好了心裡就接受不了。於是小A看到小B家孩子報了個輔導班，那自己孩子也不能落下，趕緊去報一個；小B看到小A的孩子也報了，那自己的孩子得學得更多，要不然就沒優勢了，最後比來比去，兩家的孩子所承受的壓力可想而知。

現在很多家長過度地追求孩子的學習成績，為了能考高分，能上好學校，不惜犧牲孩子的休息與娛樂時間，逼迫孩子上各種補習班和培訓機構，久而久之，給孩子的身心造成了難以逆轉的傷害。

孩子成長的平衡之局被打破，結局可想而知。

當我們判斷失誤或者做錯了一些事情，自責是肯定的，但是自責過後我們的注意力應該轉移到「之後該怎麼糾正錯誤才最好」這種具體的方向性的思考上來。

所以，請每位家長一定要認真地告訴孩子：

孩子，雖然考第1名很光榮，但是我不希望你壓力過大，你只要盡力就可以了！

爸媽愛你，並不是因爲你成績好，僅僅因爲你是我們的孩子。

《牛蛙之殤》讓人反思，我們教育孩子的目標是什麼，我們最終想要培養出一個什麼樣的孩子。如果家長沒有搞清楚這個問題，就只能隨大流，胡亂地逼迫孩子變得優秀。

每個家長都希望培養一個身心健康的孩子。如何定義身心健康呢？僅僅是身高體重達標、心情愉快嗎？

以下這段文字給了一個很好的詮釋：

培養一個身心健康的孩子，心理健康的最高水準，必須包含一個人能夠自由地運用他的才智，解決他自身的問題和所處社會面臨的人類問題，還包括一整套穩定和完整的價值體系。

孩子總有一天要獨立成長，即使現在盡可能地避免他受到任何的傷害、失敗與挫折，但總有一天他要離開我們的懷抱，展翅高飛。與其揠苗助長，不如利用現在的機會，利用好這一次次的衝突與困境，幫助、教導孩子該如何與自己相處，如何與社會相處。

比如告訴孩子在成長的過程中，面對困難時除了哭泣，還有哪些處理方式。如果他能利用自己的方式去面對困難，那麼以後即使在心理特別脆弱的時候，孩子也能學著耐心面對。並且，他解決問題的思路也是開闊的，不偏激的。

我們都希望培養一個全面的、立體的孩子。

養育孩子是一條漫長的道路，家長要時刻地反思和檢討改進，才能確保即使身處這個焦慮的社會中，我們也能夠和孩子站在正確的跑道上，贏得人生這一場長跑。

家長不要用自己的判斷，打著「都是為了你好」的旗號，阻礙孩子的自我成長和限制孩子的正常發展。

每個孩子都有自己的平衡，我們需要了解孩子，了解他們的優勢和短處，了解如何幫助孩子做出選擇，讓孩子各方面更加均衡地發展，培養孩子獨立思考和獨立處理問題的能力。

家長要擺正心態，如果一個家長隨時會心態爆炸，那麼他的孩子一定好不了。也許我們很難擺脫世俗的價值觀，但至少我們要讓孩子在成長的道路上有選擇的機會，而不是從不懂事的時候就泡在染缸裡，然後陷入可悲的循環。

一個家庭傳承的終極意義是什麼？我想，應該就是讓下一代比我們更能接近真實的自己。我們所積累的財富與資源，並不是要全部交給孩子，而是讓孩子在這一切的對照之中，比我們能更快地洞察到自己真正想要的是什麼，讓他們能夠不虛度時光與人生，勇敢地面對一切。

給媽媽的心裡話

請跳出自嗨式的焦慮育兒

TIP 1 節省母愛

全世界的媽媽都希望孩子健康快樂，希望孩子感受到被愛，好好長大成人，成就一番事業。

但是媽媽總是很焦慮，總是擔心自己做得不夠好、不夠多，生怕自己對孩子的未來造成什麼不良影響。這樣的心理促使越來越多的媽媽像上滿發條的發電機，忙碌不停、嘮叨不停……直到把自己的一切都奉獻給孩子。

英國鳥類學家大衛．拉克對親鳥的觀察似乎顛覆了這一觀點——往往那些全力以赴，產下最多蛋、照顧最多蛋，耗盡自己所有能量的親鳥，最後會因爲太過努力而造成下一代更高的死亡率。親鳥想要成功帶大下一代，除了要願意犧牲奉獻養育孩子外，也要學會「節省母愛」。

當一個媽媽從心靈層面來看孩子成長的這個過程，就會知道自己如何修行，提升自己的正能量，進而由內在的改變，促進外在改變的發生。

TIP 2 摒棄清單式育兒

家長要從清單式育兒轉爲目標導向育兒。現代社會育兒的方法有千千萬萬，定位不同、側重不同，在這樣的情況下，好多媽媽會把各式各樣的方法當成一個清單，然後一一對照來看自己帶孩子是否合格，一旦有一些差距，就覺得無比焦慮。

但是每個人的精力是有限的，每個人的能力是有局限的，我們不能把 N 個不同樣本中「最好」的項目拼湊成一個完美育兒模式，來苛求自己。媽媽要懂得選擇和放棄，讓養育目標更加清晰，記住學習只是手段，最終要爲我們所用，而不是被它所羈絆。

TIP 3 正面思考的對話模式

媽媽要作爲自己的觀察者，明白自己在生活場景中扮演著怎樣的角色，覺察自己會用什麼樣的處理方式處理問題，是選擇反覆嘮叨、憤怒發脾氣，還是包辦孩子的所有事情，抑或是其他的做法？一般情況下，父母越嘮叨、越發脾氣，孩子越不配合。媽媽應該帶著覺察力看自己和孩子的互動，而不是被糟糕的情緒控制。

成長就是透過一件件事情來鍛鍊自己掌握自己節奏

的能力。告訴孩子該怎麼面對，然後不用管他，只是提醒孩子，看看他會不會自己調整狀態，同時覺察自己有沒有眞正相信孩子，相信他有能力管理好自己。

試錯也是成長的一種姿態，給孩子機會讓他們去自己調整自己的節奏。

而且媽媽們要改變自我對話模式，有些媽媽總是會時不時地對自己說些消極的話，例如：我肯定都做不到、小孩這樣一定會被我帶壞的、我感覺自己是個非常失敗的人、我太普通了，一事無成……

人一旦陷入了這樣的對話模式中，就會眞的以爲自己是那樣，變得消極懈怠，最後就進入了焦慮的閉環中。

媽媽們應該注意自己的對話模式，並且努力改變它。要經常對自己說積極的話，例如：擔心於事無補，事情已經發生了，我現在正在努力解決；雖然這件事有些難，但是我在盡力而爲，結果順其自然；人生就是一個過程，我們努力過了，以後就不後悔……

這也是一個習慣的建立，當媽媽不斷去強化積極的對話模式，慢慢地就會改變看待事物的角度，減少焦慮，由此，家庭的氛圍也會越來越和諧。

Chapter 02 情緒失控怎麼來的？我的孩子不能比別人家差

情緒失控 孩子一樣輸在起跑線上

某個數據平台曾經發布一份《中國媽媽「焦慮指數」報告》。

~ 什麼職業的媽媽焦慮指數最高？ ~

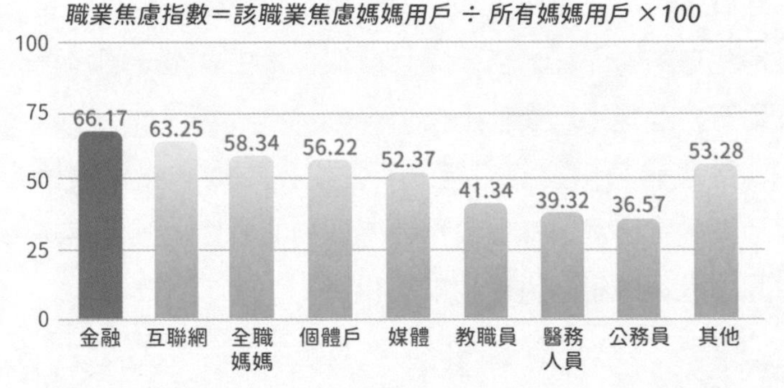

職業特性與焦慮指數呈現出比較強的相關性，從事金融行業、互聯網行業的媽媽以及全職媽媽焦慮指數分居前 3。

從事金融與互聯網行業的媽媽焦慮指數最高，沒有工作壓力的全職媽媽其實也並不輕鬆，其焦慮指數位列第三。全職媽媽的焦慮不僅來自於繁重的家務事，還有因收入減少帶來的經濟壓力，以及由老公的不理解導致的心理焦慮。

在所有媽媽焦慮的問題中，排在前3位的依次是：孩子的健康、孩子的教育以及夫妻關係。

有了孩子之後，媽媽們會發現，當孩子在身邊時，她沒有時間做自己；當孩子不在身邊時，她也因為擔心孩子的成長而做不了自己。

~10 大家庭焦慮因素 ~

	相關內容搜索 / 閱讀熱度	單位：次
小孩健康	生病、奶粉代購、心理	73,447,692
小孩教育	學區房、入園、升學	54,337,116
夫妻關係	吵架、出軌、性生活	50,672,483
小孩人身安全	走失 / 拐賣、虐童、校園霸凌	43,875,451
家庭經濟積累	理財、收入、開支	39,657,854
婆媳關係	矛盾、生活習慣、孫子教育	37,569,112
贍養老人	老人健康、養老院、空巢	29,732,217
家務	累、分工、保姆	25,768,083
二胎	壓力、高齡產婦、福利	21,632,355
子女婚姻	大齡未婚、買房、生子	19,521,834

從資訊關注熱度看，影響媽媽的家庭焦慮因素繁多，其中小孩健康、教育、夫妻關係位居前 3 位，「二胎」壓力位居前 10。

註：「二胎」即一對夫妻可生育 2 個孩子，中國 2015 年全面開放二胎政策。

這真的是一種進退兩難的境地——一個人的自我和他人的界限日益模糊，這也成為媽媽們陷入無窮無盡焦慮的源頭。

~ 哪些事最讓 90 後媽媽焦慮？ ~

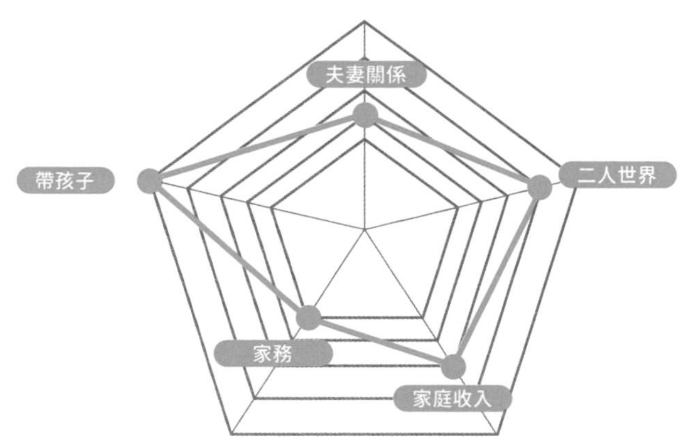

對許多年輕的 90 後媽媽而言，最焦慮的就是「帶孩子」。

重重壓力之下，「我到底是不是一個合格的媽媽」的自我檢視，更讓許許多多的女性陷入了孤獨的境地之中，也讓她們不斷地生活在懷疑之中，不斷地否定自我的付出，將孩子出現的一切問題都歸結於自己的「不合格」，這顯然是新一輪焦慮的成因。

如今新手媽媽們都流行「科學養育孩子」，她們的焦慮往往也因此而來。相比來說，我們這一代人被養育得就很粗糙，父母都是按照老一輩口耳相傳的育兒經把我們拉扯大的，好像那一輩的父母並沒有那麼多的焦慮。

其實養育孩子的過程是一個和孩子共同成長的機會，借此我們可以告別自己曾經受到的不正確教育，重新經歷被愛、被呵護的童年，彌補自己原生家庭的缺陷，對身為父母的我們也是一個治癒心靈的過程。

在養育孩子的過程中，不同世代知識出現差異，甚至相互矛盾，是正常的現象，我們要做的就是遵循科學指導，不斷更新自己大腦裡的知識庫存。只有堅定了這個信念，才不會出現一邊嘗試科學養育孩子，一邊受到點挫折就直接放棄，過段時間又重新開始折騰，也不會陷入無限焦慮的閉環。

~ 媽媽們如何調節自己的焦慮？ ~

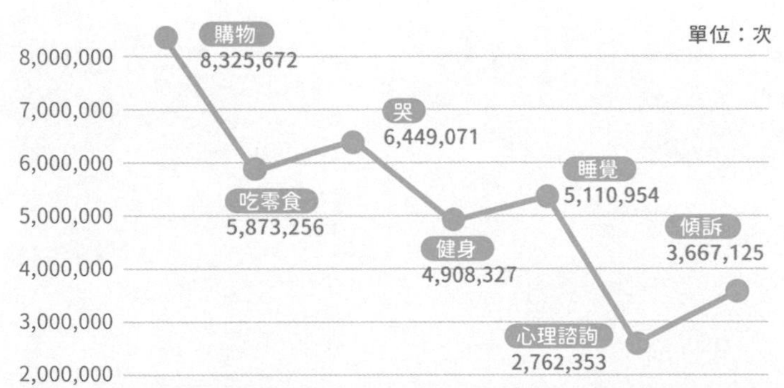

如何減少焦慮，是對媽媽智慧的考驗，要提高自己的科學素養和邏輯思維能力。如何緩解自己的焦慮，最好的方法是用健身、心理諮詢等正向方式去釋放情緒。家庭教育的核心永遠是愛，而不是焦慮。花時間打好地基，一切就都會穩穩當當地發展。

放棄比較，珍惜孩子每個當下，關注孩子的成長，做該做的事情，等到花開的那一刻，你會發現一切都發生得那麼自然。

媽媽的心聲：現在比不過 將來就輸了

香港無線真人秀節目《沒有起跑線？》拍攝的紀錄片中，一名懷孕母親表示孩子要「贏在子宮裡」，引起了輿論的熱議。

在紀錄片第一集勒倫（Irene）是一位二胎媽媽，她生第一個孩子的時候抱著讓孩子自由成長的想法，沒有刻意讓孩子去學很多技能，結果導致了兒子沒有幼稚園接收。所以她不得不跟上時代的「催促」，要讓自己還在肚子裡的女兒「贏在子宮裡」。

節目組還請來2位香港藝人，他們分別在2位家長的帶領下，體驗了1天幼稚園小朋友的生活。體驗的結果是，那一天的學習生活讓2個成年人都覺得喘不過氣來。

一天連上2個幼稚園；吃麵包的時間被「媽媽」督促學詞語；走在路上，任何一個出現漢字、英文的地方，都有可能被抽查問答；為了趕時間，在公廁換校服；幼稚園放學立刻連趕幾個才藝班；終於回到家，發現家裡薩克斯風老師已經坐在沙發上等待了。

1天24個小時，一個4、5歲小朋友的時間安排可能比IT行業的工作人員緊湊。而這位媽媽說，小朋友1天上

2個幼稚園，這在香港是很普遍的事情。家長們信奉的是：才藝多，獲獎多，你的簡歷才好看，才更容易獲得名校的青睞。但光學習就夠了嗎？好像也不夠，學也要和別人學的不一樣才有競爭力。

別人學5個，你就要學10個，好像永遠都學不夠。

你考5級，別人就考8級，要上小學就要拿到更高的表演等級。

普通的樂器別人也能想到，學冷門的沒人學的樂器才好拿得出手。

幼稚園不僅規定小朋友在學校裡只能說國語和英文，還開設各類外文課，甚至連程式設計也已經變成了常規課程，上課隨時拿出個電路板讓小朋友連接。

參與體驗的藝人都在感嘆：這是我大學才學的東西，他們5歲就要學，那大學裡還學什麼啊？這樣「喪心病狂」的教育模式，讓很多家長有了拚命衝刺的「執念」，所謂的起跑線也越來越往前提。

可是孩子們真的快樂嗎？很顯然，不快樂。《2020抑鬱症患者群體調查報告》顯示，抑鬱症有低齡化發展的趨勢。

大多數孩子可能在對事情產生基本認知理解之前，就已經被迫加入了父母所設定的規劃中。為什麼要學這

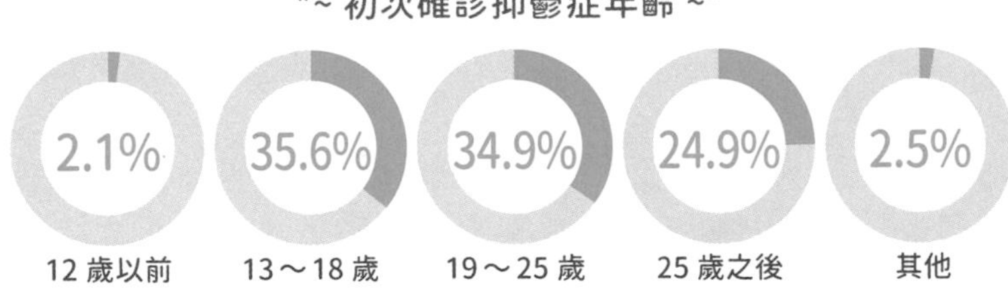

個學那個？或許他們內心並不喜歡，只是知道父母要自己學而已。

孩子不快樂的情緒並非完全是因為這樣的學習方式，還有家長對待他的態度。

鄰居說她家孩子的同學在舞蹈考級裡因為失誤沒有達到預期的標準，在台下偷偷地拿紙巾抹眼淚，而媽媽只是看了她一眼，說：「你看，這一次機會就這樣錯過了，這都怪你平常不好好練習。」小女孩強忍著淚水偷偷看了一眼媽媽，那眼神特別讓人心疼，小女孩可能是害怕媽媽的責怪，也可能是自責自己的失誤。

可是，當一個人脆弱的時候，哪怕是一個小小的擁抱都能溫暖人心，何況這是一對血濃於水的母女。

很多時候，儘管孩子都不明白為什麼自己要那麼拚，但他依舊努力做到讓父母滿意，父母卻只看重結果，忽視了過程，讓孩子變得越來越沒有自我。

可是以童年的快樂為代價、贏在了起跑線上的那些孩子們，最後，就一定能贏在終點線嗎？

2021年，極果網發起了一項《2020年度教育支出分析調查》，結果顯示，很多家庭對於孩子教育方面的投入在家庭支出中的占比相當高，有的家庭甚至超過50%。

這對於普通領薪家庭來說已然是一筆不小的數目，然而大部分家長還是信奉這種「燒錢教育」。他們總想「奮力托舉」讓孩子出人頭地，卻忽略了孩子跌倒了是否會自己爬起來，這也反映了大多數家長的焦慮。

這個時代的父母跟過去更不一樣，比較的東西也漸漸「升級換代」。

~ 教育投資占比較高 ~

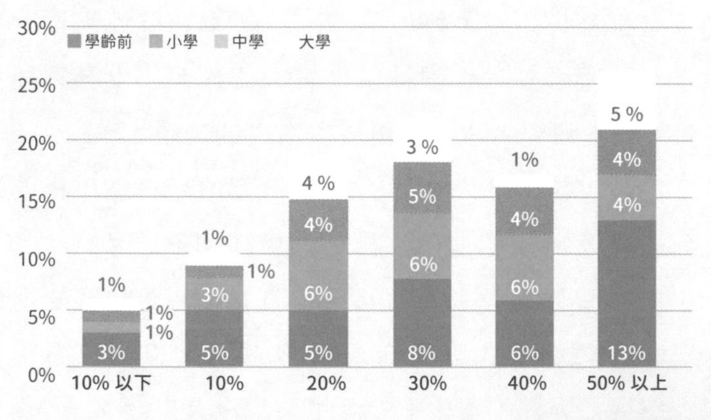

相信在每個人的朋友圈中，都有不止1個喜歡曬孩子的家長，今天孩子去了哪裡遊學、上了天價的補習班，明天孩子獲得了什麼稀罕的獎項……把對孩子的這些「教育投資」曬在朋友圈中，他們覺得自己特別有面子。

有比較心態很正常，適當的比較可以督促孩子進步，可以讓孩子更有上進心。我們小時候會跟小朋友比誰得的小紅花多，長大了會跟同學比誰的成績好，進入社會還會比工作、比收入，有了孩子之後，當然也不希望自己的孩子落後於別人。

但是孩子的教育不應該變成家長互相比較的戰場。

我們努力給孩子最好的，不是因為「別人家孩子都有，我們家孩子也要有」的這種比較心理，而是因為我們的孩子真的需要，而且我們要讓孩子感受到無私的愛，而不是有目的的愛。

教育是為了讓孩子在人生中能夠多一些選擇，多一點主動權，進而實現自己的人生價值，而不是在孩子的人生之初就為孩子選好起跑線，讓孩子迷茫地向前奔跑。

家長只有深刻理解了每個孩子的獨特性，才能幫助孩子獲得自我價值感。在孩子成長的每一步，家長都應當悉心觀察孩子的特質，尊重他，順應他的天性因材施教，並讓孩子體會到自身存在的價值。

隔壁家小孩 是媽媽和孩子痛苦來源？

曾經有這麼一則新聞，南京一位13歲男孩離家出走了，他在便箋上寫下這樣的話：

你不該有我這樣的兒子，再見了，爸爸。

當警察找到他時，孩子很悲傷地哭訴道：

爸爸覺得我這不行那不行，還經常拿我和別人家孩子比，他不喜歡我，我只好走了。

短短幾句話，卻讓人心酸又心疼。愛爾蘭詩人葉慈說，教育不是灌滿一桶水，而是點燃一把火。而與別的孩子比較，猶如一盆冷水澆在孩子熊熊燃燒的生命火焰上。

「隔壁家的小孩」是很多孩子心中的痛，也是父母心裡的痛。父母一旦期待過度，就容易陷入盲目比較和教育焦慮之中。很多孩子從小就被父母拿來和「隔壁家的小孩」做對比，一旦達不到父母的預期就會被批評。他們也想努力變成大人心中期望的那個樣子。

很多孩子努力壓抑天性、假裝乖巧，同時也極度缺乏安全感，假裝努力，害怕暴露缺點，害怕不被大

人接納。所以很多孩子都努力把自己變成「隔壁家的孩子」，這也讓親子關係劍拔弩張，讓雙方都處在一個窒息的環境中。

最後大人也會痛苦地發現，曾經真實的孩子已經面目全非，喪失了真正的自己。

美國著名心靈導師迪派克．喬普拉（Deepak Chopra）說過：「我們現在的樣子不是我們剛出生時嬰兒的樣子，而是被大人放在一個錯誤的容器裡擠出來的變形樣子。」我們來到人世間猶如一次因公出差，千萬不能忘了這次出差的主要任務是找回自己最初的鑽石般的樣子！

父母的過度期待，會逼迫孩子逃離。

有一句話說，父母要成為容器，允許孩子的活力自由流動。被賦予過多的價值，承載太多不應該承擔的壓力，孩子會感到透不過氣。

孩子在經歷了與他人的對比之後，會變得自卑、絕望，並且會封閉自己、逃避家庭。它猶如一個圍欄，一層一層地把孩子困在裡面，直到孩子沒辦法掙脫束縛，最後兩敗俱傷。這無形之中，也給親子關係留下了傷痕。

其實我們要正確地看待孩子的成長，應該讓孩子像植物一樣生長，讓他的童年有閃閃發亮的星星和甜到快要融化的霜淇淋。

那些焦慮的媽媽，請讓更多的愛投射你們的心聲。從孩子的瞳孔中看到綠意，那些就都會成為你們內心最賞心悅目的風景。

我們要將期待合理化，引導孩子成就自己。每個人都有虛榮心，都想把自己最好的一面展示給別人看，而藏起來的，往往都是狼狽和不堪。

隔壁家的孩子看起來令人羨慕，其實，他們真正的成長時光，或許並不輕鬆愉悅。畢竟，我們在別人面前展現的，都是令人豔羨的樣子，我們所看到的那些精彩時刻，其背後一定有著不為人知的經歷。

誰說「隔壁家的孩子」沒有煩惱，從小就圍繞在他身上的這份光環，長大後也可能會成為他的負擔。他害怕令人失望，恐懼自己高智商的光環暗淡，深陷在優秀的人設中無法自拔——他人期望的壓力以及難以滿足的自我期望，會貫穿他的一生。

竇文濤說，很多父母希望「孩子」這個產品，自己最寶貴的這個產品，如我所願。但孩子不是炫耀的工具，更不能替代我們為夢想前行。我們要正視孩子的個體差異，腳踏實地地設定一個可行的目標，讓期待變成孩子成長的動力。讓孩子內在的火種被自己點燃，這樣他們的生命才更有層次，也更為精彩。

當一個人調整好期望與現實的關係，就會增強自我的生活滿足感，包括對自己和對人際關係的滿足感。資深心理學家銀子在《愛養》一書中寫到：「在早期孩子的養育方法上，應該尊重『真實』的力量，以平常心看待孩子的平凡普通或是卓越優秀，並且教會孩子悅納自我。」

和孩子相處的時候，父母應該不帶判斷、不帶情感偏見地做出回饋，關注孩子的內心，讓孩子充分且自由地表達自我，並且不隨意給孩子貼標籤。父母對孩子說「懶惰、膽小、自私」這些否定性的話語，會對孩子造

成很大的傷害，要學會客觀地評價孩子，不要用極端的形容詞來評價他們，給他們隨意定性。

很多父母會因為孩子的成功而感到驕傲，這實屬一種正常的情感表現。

不要把孩子變成一個可以展示的產品，或是讓孩子成為一個實現夢想的管道和工具，要把孩子當作真正的主體和獨立的個體，考慮到孩子內在的需求和心聲。

做父母需要拋開虛榮心，尊重孩子生命原本存在的意義。父母只有接納真實的孩子，孩子才能學會自我接納和自珍自重，並且一步步走向獨立。

被「催熟」的孩子有哪些心理後遺症？

有一位6歲孩子的媽媽，從孩子會走路開始，她就帶著孩子學習滑步車，孩子的滑步車騎行水準自然也是不錯，在許多滑步車大賽中都取得不錯的名次。但是孩子在最近的一場滑步車比賽中表現失常，不僅沒有取得名次，還受了傷。然而，這位媽媽不僅沒有安撫孩子，還因為孩子的比賽成績差教育了孩子一頓，孩子不聽說教，媽媽情急之下，打了孩子一巴掌。

孩子大哭一場，從那之後，孩子就再也不騎滑步車了，有時候被媽媽逼急了去訓練，就會問教練：「老師，我怎麼才能得第一啊？我怎麼才能讓媽媽高興啊？」

對於有的父母來說，不管孩子學習什麼，都一定要爭第一，因為他們覺得只有這樣，孩子才有可能出人頭地，不輸在起跑線上。不得不說，這樣的想法讓很多家長都變得焦慮萬分，而這種焦慮也傳遞給了孩子，搞得家裡烏煙瘴氣、雞犬不寧，每個人都心事重重。

有人說，現在就是販賣焦慮的時代。尤其是對於中年人來說，房子、車子、財務、孩子，每一項都讓大家焦慮不已，每個人都像是每天生活在跑步機上一樣，需要不停地奔跑。

還有一位媽媽說，她在女兒出生之後，就決定不讓孩子上「啟蒙班」或「學前班」，也從來不給女兒灌輸「只准第一」、只准「鳳棲高枝」這樣的觀念。健康、快樂、輕鬆，是她給女兒設計好的童年生活。

但是沒想到，現實還是給她「洗腦」了。在親朋聚會時，有孩子的人總會談到孩子的教育問題。在聽到她不給女兒報課外輔導班之後，大家都覺得她是外星人，對她就是一番狂轟亂炸。

「怎麼可以這樣？你這樣會毀了孩子……」

「起跑線上不能輸的……」

「孩子要快樂，但現在如果不給他們一些負擔，他們長大了就要受苦……」

「你是不是沒找到好老師？我給你介紹幾個……」

「現在不培養，長大後就晚了……」

結果，在比較心理的驅使之下，這位媽媽越想越焦慮，最後還是給快要上小學的女兒報了3個課外班。

父母一旦對才藝班、學區房的期許過高，焦慮值就會直線上升。尤其是學區房，如果不買，有些父母就會覺得，孩子上不了好小學，初中也不會好，之後考不上好的高中，上不了明星大學。進入社會，也沒有一點競爭力，肯定找不到好的工作，養活不了自己，何談幸福，那孩子的一輩子豈不是就廢了嗎？

而這些焦慮不僅僅困擾父母自己，還會在親子關係中來回傳遞。正如米未創始人CEO馬東曾經說過的那樣，「中國父母最可怕的地方，就是把自己成長中的焦慮轉移給了孩子」。

久而久之，孩子也會覺得自己學習不好，豈不是對不起父母對自己的付出，於情於理都說不過去。有些孩子會因此也變得失眠焦慮，嚴重的時候，這些焦慮情緒會成為壓垮孩子的最後一根稻草，甚至會讓孩子抑鬱。

很多時候，父母都覺得等孩子長大了，一切就會好了，但實際上並非如此。北京大學兒童青少年衛生研究所發布的《中學生自殺現象調查分析報告》指出：在中國，每5個中學生中就有1人曾考慮過自殺。

在這個快速發展的社會，很多年輕人都逼迫自己追求成功、成名，而在此之前，所有的奮鬥和追趕都透著一股辛酸，如果不能達到目的，這樣的辛酸都被轉化為命運的悲涼。

而這樣的價值觀，很多人都是從小被父母灌輸的。

很多父母，小事著急，大事焦慮，總想讓孩子跟上自己的節奏，或者跟上他們所認為的「社會主流」的節奏，認為別人家的孩子做到了，自己的孩子也要能做到。這讓很多孩子覺得自己像機器一樣永遠不能停止運轉。

從孩子出生就開始比，比誰個頭大，誰先會走路，誰背的唐詩多，誰的成績好，誰的工作好……如果孩子發展得慢一些、弱一些，就開始著急、焦慮，開始不停地催：快點，快點！

如果孩子的發展再慢一些，家長看著實在著急，就忍不住去幫孩子做，一邊做，一邊嘮叨。

催不管用，就訓斥、打罵，逼著孩子去做。看到學舞蹈好，就讓孩子去學舞蹈。看到別人家的孩子畫畫獲了獎，又給孩子報了畫畫班。一想到自家孩子要比別的孩子落後了，就急躁、焦慮得不得了。

他們等不及孩子自然成長，等不及孩子的個性顯露，而是想盡辦法去「催熟」孩子。結果呢？往往是揠苗助長，欲速則不達。

催熟的果實，雖然表面看起來和正常成熟的果實差不多，甚至更鮮豔、成熟更早，但是它的營養、口味卻差了很多，沒有自然成熟的那種豐美。

被催熟的孩子也是這樣，如果家長不尊重他內在的生長規律，不停地催，不斷地干涉，往往會毀了孩子。這樣的孩子長大了，即使滿足了父母的心願，過上了不

錯的日子，也不一定幸福快樂。而且因為家長的催熟，孩子會錯過很多美妙的人生體驗。

每個孩子都是獨一無二的，他們有自己的生長節奏。我們總說尊重孩子，卻常常忽視了要尊重他的生長規律。《教育是慢的藝術》書中有一段話是這樣說的：「我們當前教育往往過於急切地盼望著出成效、成正果，能夠『立竿見影』，缺乏一種悠閒的心態，缺少閒心。」

有老師說，要培養孩子的「閒心」，莫過於堅持哲學家亞里斯多德（Aristotle）關於教育的3大原則：中庸、可能、適當。

中庸，是說教育不是為了培養超人，而是要讓孩子成人，回歸中道，不過分高估自己，也不看輕自己，知道自己和別人一樣，都有健康活潑的未來。

可能，是說讓孩子知道未來有無限可能性，在別人瘋狂往一條道上趕的時候，看得見旁邊還有千萬條少有人走的路，而那些路，同樣平坦開闊，有美麗的風景。

適當，是說每個階段有每個階段所學的知識，每個階段有每個階段的認知，而不應像大行其道的所謂「培優」「競賽」一樣，脫離現實，讓孩子過早接受不適合心智的知識。

養育孩子，不要急於求成，慢一些沒什麼不好。

為什麼要慢？因為成長本來就是緩慢的啊，十年樹木，百年樹人。

每個孩子都有自己的成長節奏，大人要做的，就是尊重他的節奏，放慢腳步，等一等他，並且適時給予引導。只有這樣，才會培養出一個有深厚文化底蘊、幸福感強的孩子。

慢下來，別那麼著急，你會看到孩子成長的一點一滴中蘊藏的生命之美，當你參與其中的時候，也會感到滿滿的幸福。一生的時間很長，打好地基才能起高樓，請給孩子足夠的時間成長。

給媽媽的心裡話

別拿孩子填補你內心的滿足感

TIP 1 成爲母親要先成爲自己

一位母親爲了孩子決定放棄自己的生活，一心只爲孩子去活。她每天爲孩子做飯、洗衣，帶孩子去參加各式各樣的培訓班，把孩子的生活安排得毫無空隙。作爲母親，她看上去認眞負責、全心全意，甚至是全情投入以至於忘記了自己。她沒有自己的空間，沒有朋友，沒有愛好，沒有娛樂。

她的目的只有一個，就是要培養出色的孩子。只有當孩子取得好成績的時候，她才能感受到：這就是她的人生價值所在。

將自己的人生價值放在另一個人的「出色」上，我們不難想像，這個孩子會有多大的壓力，因爲他要承載別人的喜怒哀樂甚至是人生價值，雖然那個人是自己的母親。

這樣的價值自然無法得以實現，孩子要麼聽話得只能透過沉默來回應，家長說什麼就是什麼；要麼就是在青春期直接反抗，徹底地對母親爆發，引發親子危機。

歸根究柢，這位母親並不能真正體察孩子的內心需求，她所付出的一切都是有條件的。讓孩子不停地努力也是在填補她自己內心的空虛和不滿足感，只是想借助孩子來完成自己的夢想。

而事實上，父母內心的空虛永遠無法從孩子身上獲取填充物，唯有覺醒過來，透過其他滋養才可以將內心充實。

TIP 2 情緒穩定才是第一位

在綜藝節目《媽媽是超人》第 2 季裡面，明星媽媽包文婧單獨帶著女兒餃子，面對大哭的餃子，一開始束手無策的包文婧只能跟餃子一起大哭。後來雖然她調整了自己的心態，想用其他辦法轉移餃子的注意力，但是之前那些不穩定的情緒已經傳遞到孩子身上，所以餃子就哭得更凶了。

每個媽媽自己帶孩子的時候，都會有很多無助崩潰的時刻，感覺到壓力且無法排解壓力的時候，會情緒暴躁，將壓力轉移到孩子身上，其實這是對孩子的一種傷

害，沒有任何意義。

只有情緒穩定的媽媽，才有助於孩子在成長過程中養成健全的人格，孩子會更有安全感、更自信，身心才會更健康。

而且媽媽穩定的情緒有助於家庭關係的和諧，對孩子來說，他們在成長階段有自己的節奏，他們的表達和管理情緒的能力處在發展期，作爲養育孩子的人，家長需要去更細微地感受到孩子的需求，看見孩子的成長。

當家長允許自己看見眞實的自己，自然也會允許孩子看見眞實的自己。

人在愉悅包容的環境裡就容易放鬆，並說出自己的心裡話，說出心裡話就意味著它認爲自己被看見、被接納，這樣的時候能讓人感知到愛的溫暖。孩子也是一樣的，他的起床氣可能是他享受和爸爸媽媽互動的過程，這種過程能讓他感覺到自己被愛著。

更重要的是，家長需要放下和突破固有認知的恐懼，向內走，勇敢地爲生命中出現的所有事情負責——跳出你自己的認知，去努力看見孩子更多的成長可能。每個孩子都是獨立的個體，家長也是，你要允許自己有自己的期待和自己的生活空間。

屬於你的眞實情緒和眞實期待的聲音，你都可以傾訴出來，允許自己被聽見。

TIP 3 忠於自己內心的渴望

在傳統的觀念中，女性嫁人生子之後，在家相夫教子才被視爲是正道。

然而社會發展至今，女性已經不僅只有回歸家庭這一個選擇，該如何選擇，我們首先要問自己：我想要擁有的生活狀態是什麼？我希望實現目標的時間是什麼時候？我爲此可以做出的努力是什麼？

就養育孩子來說，我們不得不承認，在最爲困難的時候，當父母的眞的很辛苦，因爲所受的折磨似乎永無止境，對孩子有永遠操不完的心。但與此同時，爲人父母，人們同樣也會充滿喜愛，痛並快樂著，這個過程會讓女人得到眞正的成長。

爲人父母這件事，帶著救贖性質，具有革新力與創造力，也會讓人們打開自我的極限，體驗到一種內在的偉大。

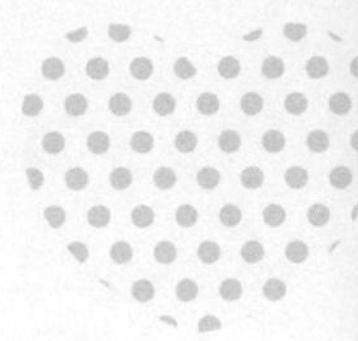

媽媽們要向內追尋，忠於自己內心的渴望。

TIP 4 學會有效溝通

我們教育孩子的目的不是讓別人看我們做得多好，孩子多乖、多聽話，培養孩子的目的是讓他能夠了解自己、了解他人，獨立應對生命中各種各樣的人與事。

作者林清玄說：「表達愛最好的方法是歡喜、獎勵與讚賞。」父母有必要爲親子關係建立一個「情感帳戶」，不斷往裡面存儲情感。你與孩子相處的時間越多，你越了解孩子，你們的溝通就越有效。

父母和孩子之間只有建立平等信任的基礎才能進行溝通，讓孩子喜歡你的前提，就是讓他感受到你的眞心，你沒有居高臨下，而是和他像朋友一樣地相互尊重和交流。當父母眞正聽見孩子的聲音以後，孩子就會向父母打開一扇不同的大門，同樣的一件事情就會獲得不同的回饋。

每個孩子都是帶著可愛的模樣和他自己的色彩來到這個世界，爲人父母，我們要擁有靜待花開的能力。

Chapter 03
自我檢視
你是哪一種「錯愛」媽媽

不要把孩子的缺點無限放大

已經12歲的小偉在父母眼裡一無是處：見了長輩不知道打招呼；吃飯、起床總是拖延；上課的時候注意力總是不集中；每天下午放學後總想著玩耍；寫作業和考試的時候，總是粗心大意……一說起小偉的缺點，父母總是覺得很頭疼。

仔細想想，小偉的這些缺點，大部分孩子都有。可在小偉父母看來，這個孩子糟糕極了。他們當著孩子的面，不是批評、嘲諷，就是責罵，甚至常常當著外人的面指責小偉：「你這孩子怎麼這麼讓人操心呢？你看看你這麼不懂事，讓我們多丟人！」

父母這般言語不但沒有使小偉改正缺點，反而使他產生了叛逆心理，慢慢地變得不願意和父母交流，做事

情也特別消極，因為他覺得父母從來都不會肯定自己。家裡來了客人，他就遠遠地躲在一邊。

其實小偉和其他孩子沒什麼兩樣，他也喜歡被肯定，而且每個孩子在成長過程中肯定都有表現不到位的地方，都有或多或少的問題，關鍵是父母如何看待。小偉的父母天天用放大鏡盯著孩子的缺點，即使孩子有優點也看不到。這種教育方式讓小偉慢慢失去了自信，變得自暴自棄。

每個人身上都會有缺點，俗話說「人無完人」。孩子也不例外。

家長總是希望自己的孩子能更優秀，這讓他們過分關注孩子的缺點，並時常把缺點放大來教育孩子，這個過程會給孩子的成長發育帶來不利的影響。

比如有些男孩膽子小，有些孩子說話結巴，家長總是把這些缺點掛在嘴邊。其實孩子在小的時候，身體的發音系統和對語言的理解及表達功能均不太完善，所以在緊張情形下說不出話來或者出現輕微的口吃現象，都是很自然的事情。如果父母或者老師過度關注這些問題，孩子的問題就會在無形中被放大和強化，引發更嚴重的心理問題。

一個人某個方面有不足，越是被強調，就越會引發其內心強烈的恐懼體驗，所以不要過分關注並且強化孩子的某些缺點，以免適得其反。

家長不要過分關注孩子的缺點，我們在對待孩子的缺點上面，應該多引導，少批評，多暗中糾正，少當面點明。因為孩子正處在生長發育階段，而且有很強的自尊心，孩子很多東西還沒有成型，可塑性非常強。

誰都有犯錯誤的時候，更別說處在學習階段的孩子了。我們要允許孩子嘗試錯誤，當孩子犯錯時，不要當面大聲呵斥和指責，應該用正常的說話語氣，告訴孩子該怎樣做，還要告訴孩子不那樣做的影響和後果，不要總是想著成為孩子眼裡的權威，因為這會讓親子間的距離變得越來越遠，讓孩子對父母產生恐懼感。

〈孩子對父母的告誡〉一文中這樣寫道：

> 我的手很小，無論在什麼時候，請不要要求我十全十美。
>
> 我是「上帝」賜給您的一件特別禮物，請愛護我，抱我的時候要經常訓教我所做的動作，指教我靠什麼生活，訓練我對人的禮貌。
>
> 我需要您不斷地鼓勵，不要經常嚴肅批評和威嚇。

請給我一些自由，讓我自己決定有關的事情，允許我做錯事或不成功，以便從錯誤中汲取教訓。

請耐心傾聽孩子的心聲，縮小孩子的缺點，放大孩子的優點，給孩子成長的信心和勇氣。

如果我們總是看到孩子的缺點，就會讓親子關係變得越來越淡漠，每一個孩子都不願意聽到父母的批評，哪怕他們真的有很多缺點，他們也希望自己的父母是支持和鼓勵自己的那一方。如果我們總是用負面評價來對待孩子，孩子就會覺得父母並不了解自己。時間長了，孩子就不願意跟父母保持近距離的接觸，慢慢地就會疏遠父母。

如果家長總是強調孩子的缺點，孩子可能會更自卑。每個孩子都喜歡維護自己的自尊，如果父母總在別人面前批評孩子，他們就會覺得父母打破了自己的尊嚴，今後很有可能會更自卑。因為他們被父母否定慣了，所以在生活中會很難抬起頭來，做任何事情都會顯得不自信。

如果父母總是喋喋不休地數落孩子，孩子的脾氣很容易變得暴躁，甚至會展現出與父母期望截然相反的狀態，因為他們覺得父母總是在挑戰自己的底線。這就意味著總是去強調孩子的缺點並不能夠讓孩子有良好的改變，反而會導致很多不良的後果。

在與孩子相處的時候，我們更應該用南風效應來對待孩子，這樣反而能夠促進親子關係。

那麼，什麼是南風效應呢？

法國作家拉．封丹（Jean de La Fontaine）曾寫過一則關於北風和南風的寓言。大意是北風和南風都說自己更厲害，就比賽看誰能將行人身上的大衣脫掉。北風寒意凜然，結果行人將大衣緊緊裹住；南風溫暖和煦，行人覺得暖和，因而脫掉大衣。這則寓言後來被引申為社會心理學的一個概念，即「南風效應」或「溫暖法則」。

與孩子相處也是一樣的，與其劍拔弩張地批評他、強迫他，不如試試像南風一樣「溫暖」他。

人的一生很長，每個階段都有不同的收穫，父母也完全沒有必要總是用負面的態度來評價孩子，我們更應該善於觀察孩子的優勢。能夠找到孩子的優勢，並且讓孩子發揮出來，這才是我們身為父母應該做的事情。

當家長把孩子的缺點放小，就會用成長性思維看待孩子。成長性思維是按照長遠的角度去看待問題，就算現在自家孩子身上的缺點比較多，但這並不能完全掩蓋住他們身上的亮點。

家長要學會給予孩子充分的支持，不要總是覺得孩子的行為或成長速度在某些領域裡是不夠格的。孩子也像小樹苗一樣，需要經過風吹雨打才能長成大樹，孩子需要受一些苦，也需要不停地歷練，這樣才能夠讓自身變得更堅韌。

家長應該給孩子更多的寬容，並讓孩子朝著自己的目標前進，這樣的話孩子的優勢就很容易顯現出來了。

家長平日裡多留出一些時間陪伴孩子，多去觀察一下孩子對哪些事情感興趣，然後盡量地引導孩子，陪孩子一起完成這些事情，讓孩子從中找到樂趣，這樣一來，孩子不僅喜歡在這些事情上花費時間，也更容易成功。孩子的缺點也會變得越來越少，慢慢地，孩子會成為更加出色的人。

孩子多才多藝 是爲了讓家長炫耀？

曾看過一個新聞，一位南京家長跟記者說，他對自己當初讓女兒學習鋼琴的事情後悔了，原因竟然是鋼琴無法攜帶，錯過很多能炫耀的場合。

很多孩子都在心裡覺得，自己是代表全家來考試的，學習成了他們的負擔，父母總拿他和別人家的孩子去比較。

我們在炫耀孩子的同時，早就迷失了：我們是要孩子過得幸福，還是要孩子滿足我們的炫耀欲？其實內心強大、自尊心強的父母，從來不炫耀孩子，因為他們看淡名利，追求自我，也會讓孩子去勇敢地追求自我，而不是拿孩子取得的成績出來炫耀。

父母的過度炫耀給孩子營造了一個虛假的世界，會讓孩子變得虛榮。

有一個親戚把小孩送到了私立學校，天天炫耀學校怎麼好，孩子學習如何用功，孩子學了多少種樂器，滿滿都是自豪感。去年寒假，親戚把孩子帶來我家做客，待了2天，孩子表現得有點悶悶不樂。

我問她是不是不喜歡這裡，是不是有什麼心事，她有些不好意思地說：「我同學都買了最新款的手機和電腦，只有我還用著之前的手機，好丟臉啊。」原來在父母極力炫耀時，孩子也在相互比較中，一旦不如意，就會失望、埋怨父母，變得越來越虛榮。

其實生活在炫耀裡的孩子很敏感，在父母的炫耀聲中，他們什麼事情都要和同學比一個高低，於是就造成了比較心理，導致了其嫉妒心變得更強。

浙江義烏的一位母親每個月給孩子1,200元生活費，卻招致孩子的埋怨和不滿；機場弒母的留學生汪某，因為母親拿不出高昂的生活費，就在機場捅了前來接機的母親9刀……比較心害死人，孩子活在別人的看法裡，生命沒有自我價值，不僅累，還會扭曲三觀，變得猙獰可怕。

當家長一廂情願地付出時，也要問問自己：這是孩子想要的嗎？你所安排的一切，符合孩子自身的成長規律和心理意願嗎？

當媽媽們聚集在一起交流育兒心得，免不了會談到教育問題。是人都有互相比較的心理，每個媽媽都希望自己的小孩成為他人口中的「別人家的小孩」。

於是，為了追求那些虛幻縹緲的目標，社會上就出現了許許多多不可思議的現象。大家可能聽說過現在中國奧林匹克數學已經開到了幼稚園，幼稚園已經開始分

快慢班。社會上的這些現象說明，好多家長更加看重的是「搶跑」。

其實人生是一場長跑，起跑的時候誰站在第1排、第2排根本不重要，這不能決定他就能最先到達終點。但是，現在許許多多的家長都在拚命地「搶跑」，想讓孩子在剛開始就用幾倍的努力去超越別人。

每一個總想讓孩子跑在最前面的家庭背後，都有一對「奮力托舉」的父母。

看到別人家孩子買了一雙名牌運動鞋，生怕自家孩子被人看輕，趕緊也去買了一雙；看到人家小孩多才多藝，不看自家的孩子是否有興趣，也強行給孩子報了一個班。

綜藝節目《少年說》中有一個女孩，站在台上哽咽著對台下的媽媽喊話：「媽媽，不要只看到別人家孩子的優秀，您的孩子同樣努力。」沒想到，她的媽媽卻說：「你成績這麼差，誰願意跟你交朋友啊。」言語中充滿了對別人家孩子的羨慕與妒忌，對自家孩子的不滿與奚落。

孩子小的時候我們無限制地滿足他們，可是等他們逐漸長大，才發現依然比不過「別人家的孩子」，似乎每一個愛比較的孩子背後都有一個同樣心理的父母。

過度的比較就像是一個無底洞，吞噬的不僅是家長的「愛」與金錢，還有可能是孩子的整個人生。

在這樣的一段親子關係裡，家長對孩子的關心、責任、尊重和了解到位了嗎？

人這一生，說到底，拚的還是一個好心態。

很多家長都經歷了這樣一個心路歷程：孩子剛出生的時候，希望孩子上好學校、有好成績；慢慢地我們的期望逐漸降低，希望孩子能夠正常升學、就業，將來順利成家、生兒育女、生活穩定、工作穩定；到中年的時候能夠身體健康、家庭和諧，老年的時候子女孝順。而家長在自己老年的時候，所有最初的夢想都沒有了，此時的夢想就是孩子能在身邊陪你曬一曬太陽。

我們每個人都有這樣一個心路歷程，最開始有非常高的理想，但是當我們垂垂老矣時，才真正明白其實我們很多時候是過分追求完美了。

雖然說成功沒有捷徑，需要經過千錘百煉，但是對孩子的過度強化訓練並不能培養出我們所謂的成功的人。讓孩子健康快樂地成長，才能讓孩子在多變的社會環境中變得更加堅韌和勇敢。

「唐僧媽媽」帶給孩子什麼心理體驗？

根據一項青少年對「父母行為」評價的調查，父母的嘮叨已經與粗暴、不尊重隱私並列為青少年最討厭的父母行為，嘮叨顯然已對孩子造成了較大的危害。

我們可能經常聽有的小朋友講：我媽媽太嘮叨了，簡直就是一個「女唐僧」。這裡所說的唐僧就是電影《大話西遊》中那個總愛嘮嘮叨叨的唐僧。孩子用他來形容自己的媽媽，是想表達對「嘮叨」心生厭煩的一種態度。

為什麼很多媽媽成了「唐僧媽媽」？其實每個媽媽都很愛孩子，她們不喜歡自己嘮叨，卻又無法停止。

有些媽媽總覺得孩子年齡小，如果不反覆地說，孩子是記不住的。媽媽覺得嘮叨就是一種教育手段。

但是，有研究表明，孩子6、7歲時，是以形象思維為主的年齡，他們不善於理解語言，而更擅長理解行為、動作。所以媽媽的身教，更勝於言傳。如果媽媽總是嘮叨個沒完，指手畫腳，就會讓成長中的孩子感覺到壓迫感，感覺自己動不動就會出錯。

喋喋不休的陪伴，對孩子意味著什麼？

當孩子還小的時候，他們對自己的行為判斷力還不是很強，當他們自己的行為習慣被成人按照自己的意志隨意評判的時候，孩子得到的資訊是「原來我的做法不對！我怎麼老是出錯？我什麼都做不好，那我乾脆不要做就好了，如果再做錯，媽媽還是會說我的」。

當孩子習慣了這種被管束的生活時，責任感就會降低，可能會事事徵求父母的意見，沒有了自己的主張。

有的媽媽覺得嘮叨是和孩子建立了溝通，是一種交流方式。父母在孩子需要的時候，給予說明；在孩子有疑問的時候，給予解答……這些都是以孩子需要為前提的。但有時候媽媽們反覆嘮叨，會打擾孩子的專注力。

父母如果常常嘮叨，就會讓孩子覺得自己不能得到尊重，容易使孩子形成自我認識的不足，讓孩子對什麼事都不放在心上，覺得只要媽媽說了我照著去做就行。

而且就算孩子真正犯錯時，父母反覆地嘮叨沒完，也只會使孩子從內疚不安轉變到不耐煩，甚至被逼急了，出現「我偏要這樣」的叛逆心理和行為。

心理學研究表明，孩子一旦受到批評，就需要一段時間才能恢復心理平靜，而當受到重複批評時，他心裡會疑惑怎麼老這樣對我，孩子挨批評的心情就無法回歸平靜，反抗心理也就多了起來。

所以媽媽應該建立規則，用建立規則來替代嘮叨，這樣孩子就能有很大的進步。「少嘮叨，多陪伴」，這樣的效果才會更好。

媽媽「好心」提醒 促成孩子叛逆拖延

有一位媽媽說面對孩子一天的日常，感覺自己就是孩子眼中的「催命三娘」。

早晨催起床：喊第1遍孩子睜開眼睛；喊第2遍，孩子才簡單回應一下；喊到第3遍甚至第4遍的時候，孩子這才慢騰騰起來，到處找衣服。

回家催作業：每次孩子做作業的時候，一會兒要喝水，一會兒要吃東西，一會兒又要去廁所。本來20分鐘就能寫完的作業，硬是磨蹭到1個多小時才能完成。

晚上催睡覺：到了睡覺的點，孩子還是不睡覺，不是看電視就是吃東西。每次催孩子睡覺都得說10遍以上，有時候孩子乾脆假裝沒聽到。

其實這樣的現象很多家庭都有。因為拖拖拉拉似乎是大多數孩子的真實寫照。別說孩子，很多大人也有拖延症，那麼怎樣才能戰勝拖延症呢？家長一再的催促管用嗎？

有時候孩子做事稍微慢了一點，家長就會忍不住去催促孩子，並且期待孩子自動自發。但是這樣的催促往往起了相反的作用！催促只會讓孩子更加手忙腳亂，什麼都做不好，然後就會招來家長更多的催促，最終導致惡性循環。

其實家長對孩子幫得越多，孩子會變得越磨蹭。

或許很多家長都做過這樣的事情：覺得孩子吃飯慢，主動給孩子餵飯；看到孩子把玩具擺得亂七八糟，就去幫孩子收拾玩具；看到孩子穿鞋子慢，怕上學遲到，就去幫孩子穿好鞋子；怕孩子學習累，所以全部的家務都替孩子做了，甚至襪子都不用孩子洗……

每當我們替孩子做一件事情，其實就剝奪了孩子一次成長的機會。

家長為孩子代勞太多，往往會讓孩子養成嚴重的依賴性，孩子會有些事不願意做就不做、想磨蹭就磨蹭，知道自己磨蹭後家長肯定會替自己想辦法。孩子在成長的過程中，能夠鍛鍊自己能力的事情總共就那麼多，要是家長替孩子完成了80%，那麼你的孩子就只剩下20%的成長空間；但家長要是只替孩子做20%，那孩子可以獲得80%的成長空間。

孩子只有在他最舒服的節奏下，才能夠不斷地學習和成長。家長的催促往往只會讓孩子做什麼事情都手忙腳亂，時間長了，孩子不但改不了磨蹭的問題，還會因為家長頻繁的催促而變得自信不足、性格怯懦。

家有磨蹭的孩子，會讓父母很傷腦筋。很多家長不去深究孩子磨蹭的原因，而是簡單粗暴地把這歸結於孩子是故意拖拉，和家長唱反調。

心理學研究表明，大人與孩子的生活節奏、生理節奏以及生命節奏都是大不相同的。日常生活中，父母往往站在成人的視角，認為孩子太磨蹭，打亂了大人的節奏，總想催促他們快一點，再快一點。殊不知，真正被打亂節奏的是孩子。

有一位心理專家說，父母過多地催促孩子，通常是因為自身的焦慮。當父母無法消化這些焦慮，將它們過多地轉嫁給孩子時，傷害就在不知不覺中發生了。

而在心理學上，對處在敏感期的孩子按「快速鍵」會打亂孩子自己的節奏。經常被打亂節奏的孩子，很容易出現早熟、易煩躁、耐性差等特徵，在父母的催促下，會過早地成為「小大人」。也有一些孩子表現為反應遲緩、缺少責任心等特點，在父母的持續否定中甚至徹底失去自信。

雖然孩子有時會用磨蹭來對付我們，但我們沒必要因此和孩子生氣，也不要總是批評孩子。我們可以和孩子好好進行溝通，心平氣和地和孩子把那件事情交流一下，聽一聽孩子到底是怎麼想的。此時我們不要挖苦他，也不要批評他，否則很可能會使孩子迫於父母的威嚴，產生更為強烈的叛逆情緒，不願意吐露真心。

一直被催促的孩子是沒有內驅力的。孩子進入5歲之後，自主做事能力已經體現得非常明顯，同時也會表現出越來越多的反抗。這說明孩子已經能很清晰地了解自己的想法，並願意嘗試按照自己的想法去解決問題。

家長要引導孩子說出內心的想法與感受，如果是家長自身的原因，就要綜合孩子的自身特點與成長特點，重新審視自身的教育方法與態度；如果是孩子的原因，就要和孩子一起面對，給他足夠的時間和空間去讓他的內心理解。

我們要學會尊重孩子的感受與意願。有時候，我們總是從大人的角度去看待問題，去催促孩子該怎麼做、不要怎麼做，總以為我們是大人，家長做出的決定都是為了孩子好，可是孩子也有自己的想法，他們對某些事情也會有自己的意見，家長的決定也不一定就是正確的，孩子只有真的承受了磨蹭的不良後果之後，才會想著去改正。

我們不要總是去催促他，也沒必要非得要求他做這個做那個，我們該信任孩子，讓孩子自己去慢慢安排自己的時間。

給媽媽的心裡話

用點心機 讓嘴休息

TIP 1 父母是父母 孩子是孩子

有一個孩子說：「每次只要我的話是以『我想』『我要』『我打算』開頭時，媽媽總是不等我說完，便開始迫不及待地反駁我，或者想辦法阻止我。後來我學會了說謊，很多事情都是自己悄悄做了，也不再和她分享心事了。很多她讓我做的事情，我也總是搞砸，想用各種方式來讓她感受到我的不滿。」

12 ～ 18 歲的孩子正值青春期，自我意識不斷增強，特別渴望獨立和自尊，不喜歡被人看作不懂事的小孩子，尤其反感父母的說教、嘮叨和限制。如果父母不管住嘴，用一成不變的態度和方式對待進入青春期的孩子，就很容易引起親子矛盾。

孩子小的時候對父母有很強的依賴感，需要父母的保護、指導和關注，並且與父母之間形成了親密無間的親子關係。但隨著孩子長大，心智越發成熟，他們開始對生活、學習、周圍發生的事有了判斷，喜歡發表自己的意見，更善於挑戰父母的知識和經驗，不願意聽從父母的指導和管教，迫切渴望獨立——他們開始覺得「父母是父母，我是我」，並且希望父母不要過多地管自己，給予自己更多的成長空間。

TIP 2 謹防過度干涉的「越位」行爲

在教育孩子的過程中，很多家長都容易出現「越位」的現象。

什麼是「越位」？就是家長出於對孩子的關愛而過度干涉孩子，本來一件事孩子自己決定或者做主就可以了，但是家長非要參與和影響孩子的判斷。這樣就會讓孩子誤以爲家長不信任自己，自己只是家長的「附屬品」，好像不管自己怎麼努力，永遠達不到父母的要求。

與孩子從親密無間變爲劃淸界限，可以有效地預防青春期家庭教育的矛盾和問題。界限是兩個自我之間的分界，目的在於形成父母尊重孩子，孩子尊重父母的各自領域。相互尊重的前提是劃淸界限，各自負責各自的成長空間，讓孩子有自己的事情並且敢於做自己，讓家

長也有自己的生活空間。

TIP 3 暫停法降低親子磨擦

想讓親子關係變得更加舒適，可以試一試「暫停法」。暫停法包括 2 個步驟：

第 1 步，如果受到刺激，焦慮發作，卻又想要改變自己的這種狀態，就要從意識到問題開始。一旦意識到自己正在焦慮，要立即將自己從引發焦慮的場景中抽離出來，進而控制自己的反應。

第 2 步，啟動暫停，當媽媽意識到自己想要爆發的時候，就要開始啟動暫停。如何暫停呢？有一個簡單的方法就是，選擇一個寧靜、舒適的地方，然後將燈光調得柔和、昏暗一些，播放一些柔和的音樂，給自己一個舒適、獨立的獨處空間，暫時切斷與其他人的交流，讓自己恢復冷靜，緩解焦慮，之後再重新和孩子恢復連接，繼續交流。

媽媽的心情筆記

Part 2

這孩子太難管啦！

——爲什麼媽媽這樣說 孩子偏要那樣做？

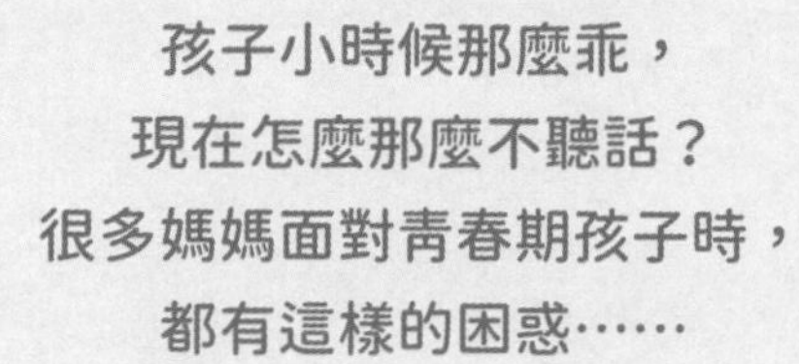

孩子小時候那麼乖，
現在怎麼那麼不聽話？
很多媽媽面對青春期孩子時，
都有這樣的困惑……

Chapter 04

對抗型叛逆：分分分……簡直是催命魔鬼

媽媽只在乎分數 讓孩子品格出問題？

在大部分中國傳統家長的眼裡，分數就是孩子的一個標籤。孩子成績好，自己出門都可以揚眉吐氣；孩子成績差的話，好像在別人面前都有些抬不起頭。雖然在教育孩子的時候我們基本都會說「我是為你好」，但其中多少都會有一些作為家長的虛榮心在作祟。

實際上，「雙減政策」的改革讓很多媽媽還不習慣，學校不考試，有的家長會在課後時間給孩子寫試卷。作為家長，對分數過度敏感會給孩子造成很大的壓力，久而久之，孩子很容易產生厭學情緒。

上初中的小雨是一個學習成績中等的學生，作為男孩子，平時愛玩了一點，但是因為想法獨特又很有領導力，同學都喜歡跟他玩，學校有活動的時候小雨也是班裡的主心骨。不過這些在小雨媽媽眼裡都不足以成為加分項，媽媽的情緒起伏只會跟小雨的成績有關。

考得差了，那小雨在媽媽那裡就「一文不值」了。有一次，小雨數學考了80分，由於考試題目比較難，小雨看到成績還是很開心。

但當他回到家，媽媽根本沒有聽他的解釋就劈頭蓋臉地批評他：「我看你現在是徹底放棄自己了，考了80分還高興？你現在都還沒有上高中就考這麼少分，以後我看你連重點高中都去不了，你看人家隔壁的文文，每次考試低於95分都要自己反省的，你就不能用心好好學習？你想想你要什麼沒有滿足你？就學習這麼一件事你都幹不好，天天就知道玩！」

媽媽一通批評下來，小雨特別委屈，也特別傷自尊，感覺自己只有在成績好的時候才是媽媽的好兒子；成績差了，似乎家裡都沒有自己的容身之處。慢慢地，他也開始討厭學習，甚至偷改試卷上的考試分數。

你看，本來只是測試成績的問題，最後變成了孩子的品德問題。這難道不該引起媽媽們的重視嗎？成績固然重要，但並不能夠定義孩子。媽媽們這種過於在意分數的扭曲心理會影響孩子的價值觀，讓孩子把分數也看得很重要，甚至像小雨那樣為了一個媽媽滿意的分數而去做錯事。

媽媽在教育孩子的時候，要注意以下幾點：

第一，千萬不要走極端，眼裡只有分數的家長會忽略更多更重要的事。每個孩子都有自己的優勢和特長，即便是學習成績一般，也可能有分數比較高的科目。但如果媽媽直接盯住孩子的成績短處不斷強調，即便不是批評，也會讓孩子產生壓力，產生厭學情緒。

第二，由於孩子的價值觀和世界觀都還不成熟，很多事情沒有決斷能力，如果媽媽一味用成績給孩子施壓，孩子在達不到父母期望值的時候就容易對未來產生焦慮情緒，甚至自暴自棄。

第三，如果媽媽過於執著於成績，可能忽略自己教育過程中的尺度，對孩子過於嚴苛，使得心智不成熟的孩子開始排斥父母，甚至敵視父母。

媽媽不能用雙重標準對待自己的孩子，在管學習的時候，就認為孩子不夠成熟，要嚴格管教；而當管教的時候又期望孩子懂事，能夠理解父母深沉的愛。這種矛盾心理也會讓孩子產生混亂。

優秀的教育從來都不是父母的一廂情願，所謂「授人以魚不如授人以漁」，分數只能是「魚」，而孩子的思維能力、學習方法以及孩子對周圍的興趣和好奇心才

是決定孩子未來的根本。如果你還比較迷茫，那麼可以從以下幾方面入手：

一、多關注分數隱含的意義

成績只能代表一個階段的學習成果，同樣的授課，如果孩子學習成績不佳，那麼有可能是學習能力的原因。因此媽媽應該要多關注孩子的學習能力，比如在考試之後和孩子一起分析總結，哪部分是弱項、原因是什麼等等。

具體來說，學習能力主要包括學習目標和學習方法2方面，學習目標自然不用說，如果沒有明確的目標，孩子可能在學習的過程中會比較迷惘，制訂一個能夠激勵但有能力達成的目標是關鍵。

另一方面，學習方法也就是學習習慣也是非常重要的，家長要注重對孩子學習習慣的培養，比如課前預習、上課做筆記、複習、階段總結等，同時也要引導孩子建立良好的時間觀念，以便安排作息，進行時間規劃。

二、多關注孩子的綜合素質

一個孩子可以有很多標籤，學習成績僅僅是其中的一個，而不是唯一的一個。現今更多的家長開始注重孩

子的全面發展，因此媽媽也不能厚此薄彼，只著眼學習成績，也要多關注孩子的綜合素養。

首先，最基本的就是身體素質。身體是本錢，保證孩子進行適量的運動，健康成長。除了身體健康，也要注重孩子的心理健康，注意孩子的情緒變化，以確保孩子身心健康可持續發展。

其次，要引導孩子正確地認識自己，孩子對情緒的感知是很敏感的，因此媽媽要引導孩子找到自己的特長，知道自己的缺點，揚長避短，發揮自己的優勢，建立自信心，以應對未來的挑戰和壓力。

不管什麼時候，媽媽都要記住，只有父母的教育觀念發生變化，孩子才能在良性的家庭教育中受益終生。不要再片面地看待孩子考試分數了，也不要孩子成績有波動就情緒失控。

要記住，父母永遠是孩子的老師，你的情緒帶動著孩子的情緒，只有理性地看待成績，放下對分數的執念，孩子才能全面發展，勇往直前。

爲什麼一邊心疼孩子 一邊加重學習負擔？

現在有很多媽媽都站在選擇的路口不知該往哪邊走，一方面心疼自己的孩子，不希望他太累；另一方面，看到很多優秀的人都在努力不懈，又怕孩子流於平庸，所以不得不讓他上更多的補習班，用更長的時間去學習……這何其矛盾！

媽媽對孩子的感情可能是最複雜的了，從生命的孕育，到孩子生下來，設想孩子的未來，哪個父母對孩子沒有期待，不希望他成為最特別的那個人？但要知道，對孩子的期望值過高，就會把孩子放在一個很尷尬的位置。

對孩子的未來如果太有執念，家長有時可能就會有不切實際的「神童夢」。因為看了太多「比你優秀的人還比你努力」的行銷雞湯文，對孩子的未來感到憂慮，怕心疼孩子過了頭成為溺愛，使得孩子在未來缺乏競爭力，因此發現孩子對什麼感興趣，哪些方面有特長，就卯足了勁兒培養，卻忽略了加在孩子身上的學習負擔。

比如孩子認字比較早，就希望孩子在幼稚園認全所有中文字；孩子記憶力優秀，就希望透過培養讓孩子有過目不忘的本事；孩子比較聰明，就希望孩子能夠跳級提前學完課程，以保證孩子贏在起跑線上……

不可否認，有的孩子確實天賦異稟，但不是每個孩子都如此，不是每個孩子生來都是天才，很多孩子即便付出了99%的努力，也不可能成為發明家愛迪生。如果硬是要把孩子往天才的方向培養，最終只會阻礙孩子的成長，不利於他的身心發展。

小米是一個對數字很敏感的孩子，很早就展現出了在數學方面的天賦。小時候，在其他孩子還掰著手指頭數數的時候，他就可以數到100；其他小朋友還在掰手指計算1＋1的時候，他就可以心算100以內的加減法了，甚至剛進入小學，小米就已經能夠進行100以內的加減乘除了。

小米的媽媽在注意到小米的天賦後，就認定了兒子的與眾不同，她覺得自己要好好培養，否則就是浪費了孩子的天賦，於是就幫小米報了奧數班。

在送小學1年級的小米去奧數班的第一節課，小米媽媽摸著小米的頭，解釋道：「小米，你喜歡數學，現在學校的課程對你沒有挑戰性，所以媽媽幫你報了奧數班，在那裡你可以學習到更多有趣的數學知識。你就當在裡面玩，媽媽希望你開開心心地學習，雖然可能比其他同學的課程多了一些，但你以後還會有更多的時間可以玩。」

媽媽說完，小米似懂非懂地點了點頭。一節課結束，老師表揚了小米，就連奧數班其他家長也誇讚小米，說小米是個數學小天才，甩開其他同學一大截。再看小米也很開心，小米媽媽懸著的心算是放下了，更認定了小米是個數學天才。

於是，小米的媽媽給小米設定了很多目標，並且開始報更多的才藝班，例如程式設計、心算等。媽媽雖然心疼小米辛苦，但總是說：「今天累一點，以後就有大把的時間玩了。」小米懵懵懂懂，不斷奔波於各種補習班，假期還有各種比賽，而小米也不負眾望，總是在比賽中獲得優異成績。

但小米越是優秀，媽媽報的班以及帶他參加的比賽就越多，就像總是沒有盡頭的路，終於，在小米12歲的時候，一切都變了。

12歲那年重新分班之後，在同學的帶動下，小米迷上了踢足球，因為愛好多了，時間分配就出現了問題，由於沒有時間踢足球，他開始有些討厭數學了，甚至會逃掉課外培訓課和朋友踢足球。在一次抽查點名的時候，課外培訓班的老師發現小米不在，就趕緊聯繫了小米的媽媽。

媽媽找了一大圈也沒找到小米，自然很生氣。小米

直到晚飯前才自己回到了家，媽媽衝著他發了一通脾氣後決定禁止小米踢足球。

小米很難過，他覺得自己一直很聽話，但就這一次放鬆也不被允許。媽媽所說的什麼比賽拿好成績可以被明星學校破格錄取之類的事情，他並不在乎，因為學習就像是一條沒有止境的路。但他又很難跟媽媽發火，因為媽媽為了他辭職，每天給他搭配營養餐，還帶著他東奔西跑去上課、比賽，他不能辜負媽媽。

只是小米再也沒有了學數學的興致，雖然仍舊努力，但是學習效率很低，最終比賽成績很差，之後逐漸走下坡路，成為另一個版本的「傷仲永」。

孩子在某些方面展現出興趣，家長適度地引導、進行培養不能說不對，但如果讓學習成為孩子的負擔，那就得不償失了。尤其很多媽媽一邊盡可能地對孩子好，一邊又不斷增加孩子的學習負擔，這種情感綁架也讓孩子對父母的情感比較矛盾，長此以往孩子甚至會把父母和學習聯繫到一起，產生抵觸情緒。

其實，作為家長，培養孩子也是為了孩子好，但父母需要明白一點，可以要求孩子努力，但不要過早地要求孩子去拚命，這樣只會消耗孩子對學習的興趣。孩子只有在健康快樂的基礎上，才能走上康莊大道。媽媽也不要把培養孩子當成自己一生唯一的任務，明天是不可預測的，不要過早焦慮孩子的未來，只有正確支持孩子的興趣愛好，才能給孩子的夢想插上翅膀。

孩子沒考前 3 名 不會天塌地陷

曾經遇到過這樣一個諮詢案例，一個學習成績非常優秀的學生，有一天看書卻突然開始頭疼、頭暈，甚至感到噁心想吐，就連做試卷解題都成了問題，最終不得已退學。輾轉多個醫院之後，家長發現，這名學生並沒有身體上的病變，而是心理上出了問題。

原來這名學生在高二轉到明星學校重點班之後，第1次考試沒有像以往一樣考第一，甚至連前3名都沒進去，巨大的落差對他的心理產生了巨大的衝擊，以致有了後來的問題。

現代社會人才濟濟，而且競爭已經從職場進入校園，為了孩子以後能夠站在有利位置，媽媽們努力地在「源頭」讓孩子爭個第一，以確保贏在起跑線上。父母用盡全力為孩子爭取優質的教育資源，同時要求孩子對得起自己的努力付出，拔得頭籌。

很多媽媽都有孩子成績出現斷崖式下滑的經歷，一開始孩子成績還過得去，但是不知道從什麼時候開始，就突然出現了很大的落差，其實在這種時候，孩子的心理才是父母應該優先考慮的，但是很多媽媽往往忽略掉了這一點，一看到這種情況自己的火就先上來了，孩子察覺到父母的情緒，就馬上進入了「罪人」模式，變得戰戰兢兢。

孩子成績下降有很多原因，學習成績差也不能片面地認為孩子沒有努力學習。在不同的學習階段，隨著課程難度的增加，受到各種客觀原因的影響，孩子學習成績偶爾下降也是正常的，媽媽們要理解出現這種情況的可能性，避免情緒失控，給孩子帶來不良影響。

小明是一名優秀的漫畫家，在業界小有名氣，但是他的這份事業可以說是誤打誤撞得來的。小時候的小明在美術方面並沒有特殊的興趣，雖然喜歡畫畫，但從來沒有想過這是他未來的職業，當時的他只想好好學習，未來成為一名作家。

小明的媽媽在知道小明的夢想之後，給予了很大的支持，並且幫助學習不錯的小明一起制訂學習目標，在很早就確定了未來要去的大學。小明學習非常努力，一直保持著全班前3名的好成績，按照這個走向，他考上理想的大學是板上釘釘的事。

但人算不如天算，在高二文理分科不久後，因為一次交通事故，小明整整休息了1個月，再回到學校的時候，本來理科就很吃力的他開始跟不上數學和物理的課

程，不管他怎麼努力都無法聽懂內容，而且之後偏差越來越嚴重，成績也開始下滑。

其實一開始成績出現下滑是小明一家預料之中的事情，但是馬上就要升高三了，成績還是無法提升，小明也不禁有些懊惱了，這個時候小明的媽媽提議他考美術特長生，這樣一樣可以選擇優秀的學校。

在父母的鼓勵下，高三時小明開始了特長和文化課兩手抓的學習生活，最後以特長生的身分進入了理想的學校，畢業後結合他寫作的天賦，成了一名漫畫家。

每個父母在養育孩子的過程中都是經歷過一些起起落落的，很難保證只要給孩子最優越的學習條件就能讓孩子一直優秀，但即便孩子成績差了一些，也不代表天塌地陷。條條大路通羅馬，完全可以重新出發，也可另擇幽徑繞道而行，但前提是需要一個好的心態。

父母對孩子，尤其媽媽對孩子的影響是非常大的，如果媽媽不能控制自己的焦慮，無法理智冷靜地對待失敗，那麼孩子在挫折面前很難建立自信、重新開始。

實際上，每次孩子成績下滑，對於孩子都是非常大的一次打擊，因為這是他們自身面臨的情況，而很多媽媽往往搞不清楚，看到孩子成績下滑就感覺孩子對不起自己的教育付出，此時孩子面對的除了無人疏導的挫敗感之外，還有媽媽的滔天怒火，這顯然是不合適的。

因此，媽媽要首先端正自己的心態。適度的學習壓力可以轉換成動力，但絕不能讓學習成為孩子的負擔。時代在不斷進步，教育也是一樣，學習好不再是唯一的出路，要幫助孩子建立好面對挫折的正確心態，尊重孩子身心發展規律，避免孩子成為經不起挫折的學習機器。

才藝課學不完 你考慮過孩子的興趣嗎？

隨著時代的不斷發展，社會對下一代的要求也越來越多了。現在，每個媽媽都給孩子報了各種各樣的才藝班，彷彿孩子沒有特長就沒有未來。

現在的教育機構開設了各種各樣的課程，以滿足家長對孩子德智體美勞全面發展的需求，有美術班、音樂班、舞蹈班、體育班，甚至還有思維、樂高之類的智力開發課。雖然大部分媽媽都經歷過被學習控制的童年，希望自己的孩子能夠快快樂樂地度過童年，但是周圍的育兒環境似乎又不允許這樣。（編按：中國的德智體美勞指德育、智育、體育、美育、勞動技術教育，台灣一般稱德智體群美五育。）

看到孩子同班同學都報名了美術班、舞蹈班和跆拳道班，報了，確實孩子壓力不小；你不報吧，就覺得孩子落後了一大截。很多媽媽對待才藝班都有這樣的一個困惑，就是為了孩子好，盡可能地培養孩子的興趣，最後卻適得其反，孩子不但討厭才藝班，而且對自己也有了抵抗情緒。

粼粼的媽媽就有這樣的疑惑，她曾經希望能夠讓孩子自由成長，因此並沒有定向培養孩子哪方面的愛好，畢竟孩子還小。但是孩子入學之後，她發現和粼粼一起入學的孩子都早就報了各種各樣的才藝班，為了不讓孩子落後其他人太多，粼粼媽在權衡之後趕緊報了小提琴、美術和奧數班。

一開始因為新鮮感，粼粼並沒有不開心，但是隨著課程的深入，問題就來了——粼粼不喜歡樂理課，也不喜歡對著靜物畫素描，而且這些才藝班占用了他很多的時間，尤其是奧數班，明明已經掌握了課本的內容，但補習班老師總會講很多讓粼粼昏昏欲睡的內容。

當粼粼快要升上初中的時候，他終於爆發了。「六一」國際兒童節這天本該是粼粼最開心的一天，在這天他想要放鬆地玩，但媽媽非要送他去上奧數班。這就像是壓倒駱駝的最後一根稻草，粼粼在這天情緒崩潰了，和媽媽大吵了一架。

注重孩子五育全面發展並沒有錯，培養孩子的特長也沒錯，但如果家長忽略了孩子的感受，一味地安排孩子不多的課外時間，那麼就會給孩子造成很大的壓力。孩子在每個成長階段都會有自己想要做的事情，家長沒有必要揠苗助長，強迫孩子培養特長。

對於一些媽媽而言，可能自己小的時候並沒有像現在這樣有良好的條件上各種才藝班，因此在她們看來，

給孩子報了各種才藝班，應該是有意思的事情才對，但她們忽略了孩子的興趣點。

就像有的媽媽們鍾愛看電視劇一樣，並不是所有的電視劇都能夠引起她們的興趣，感興趣的影視劇看起來沒夠，不喜歡的內容看1集也是煎熬。同樣的道理，沒有站在孩子的角度去思考他的喜好，很容易出現教育失誤，不僅不能讓孩子快樂成長，還會引發孩子的抵抗情緒。

孩子的耐心非常有限，因此媽媽們在課外班的選擇上就要更加謹慎，不能想著各種班都嘗試報一下，這樣不僅消耗孩子的耐心，還會給自己增添負擔，到時候誰的心情都不會太好。如果實在不知道該怎麼做，可以嘗試從以下兩方面入手。

首先，父母要正視孩子的需求和喜好，找到孩子本身的天賦。每個人都有不同的天賦，有的人善思考，有的人善言談；有的人動手能力強，有的人思維邏輯強；有的人喜歡自己研究，有的人喜歡團隊合作……個性不同，不能一概而論。

媽媽不能自己希望孩子未來怎樣，就強制性地培養他並不擅長的方面，比如孩子天生內向，媽媽就不能把它視作缺點，強行透過一些課外班進行糾正，孩子不自在，表現不會好，老師會批評，同學會嘲笑，此時課外班就成為孩子的噩夢，而媽媽就成了這一切的始作俑者。

其次，要多觀察孩子，不要讓孩子忙的腳不沾地，學習以外什麼都不管，要盡可能讓孩子多接觸生活，在孩子的行動中尋找孩子的亮點。

小野的媽媽就是這樣做的。小野是一個閒不住的孩子，天天嘰嘰喳喳，課堂上也很難乖乖坐著不動，上幼稚園的時候老師就發現了這點，並且跟小野媽媽反映了這個問題，不過老師也說了，小野的語言組織能力和表達能力都很強，孩子們也喜歡聽小野講故事。

於是小野媽媽決定帶孩子參加主持人啟蒙班，透過試聽課進一步觀察。結果發現小野對此很感興趣，小野的媽媽二話不說給孩子報了名。之後小野成了啟蒙班的小明星，年齡最小，進步最快，相比那些被父母強制送過來的孩子，小野就像在自己家一樣自在。

就這樣，在小野媽媽的培養下，小野不僅主持了幼稚園的兒童節活動，還開始嘗試寫主持稿，不僅在市里比賽獲了獎，還參加學校辯論賽，開啟了新的領域。

聰明的媽媽會帶著孩子一起快樂地成長，而不是苦大仇深地逼著孩子去做不想做的事情。找到了孩子的興趣點，孩子不用督促，家長也會更輕鬆，這難道不是理想中的教育方式嗎？

給媽媽的心裡話

幸福的孩子學習才會好！

TIP 1 關注情緒教育

現在大部分媽媽都想要讓孩子五育全面發展，卻忽略了孩子的心理健康教育，忽視了孩子的情緒教育。

有的媽媽可能說：「他能經歷什麼事啊？每天兩點一線，無非就是學習和學校那點兒小事唄！」但媽媽們忘記了，孩子在成長的過程中不但情感在發育，心智發育也尚未健全，更沒有見過什麼大風大浪，但正是因爲生活經歷太少了，所以他們的情感更加脆弱，遇到挫折時更需要媽媽的情緒疏導，如果被忽視了，很容易出現心理問題。

其實現實生活中已經不少見了，尤其是十幾歲的孩子身上普遍有悲觀情緒，他們覺得生活不如意，覺得未來很渺茫，做什麼事情都提不起精神。

隨著時代的發展，孩子的成長節奏不知不覺加快了，有時身心發展不統一，很容易產生心理問題。尤其青春期的孩子對環境改變及周圍的一切都比較敏感，加上此時感情比較脆弱，如果在他們需要情緒疏導的時候沒有及時進行疏導，就等於揮開了孩子求助的手。

當媽的沒有不愛自己的孩子的，對未來有再多的期許也是建立在孩子健康快樂的基礎上，如果忽視了孩子內心的情感需求，那麼再好的成績也只是曇花一現。現在孩子們生活中的壓力並不少，比如學業壓力、和同學之間的競爭等，當繁重的學業和父母的高期待交織在一起的時候，他們尚未成熟的心靈就比較容易崩潰。

TIP 2 提升孩子的幸福感

幸福感的缺失不僅會影響孩子的心理發育，還會對其身體健康造成威脅，比如厭食、失眠、抑鬱等。可以從以下幾方面著手解決：

第一，幫孩子尋找自己的優點。有時候媽媽總是站在糾正的角度去批評孩子，即使孩子哪些方面做得稍好一點，也不會過多地重視，但這樣就會讓孩子感到自己沒有優點，只有缺點，不利於自信心的培養，時間久了，孩子就會產生自卑心理。因此，要想提升孩子的自信心，就要客觀地看待問題，只有在孩子有錯誤的時候幫孩子認

識錯誤，指出糾正，同時多去挖掘孩子的亮點，多讓孩子認識自己的優點並不斷強化，才能讓孩子越來越自信，越來越自愛。

第二，隨著年齡的增長，孩子慢慢會產生自我意識和分析能力，但就像成長的過程一樣，孩子的自我分析能力也是一個逐步發展的過程，因此有些時候很難客觀地去分析，比如情緒波動大，遇到表現好的事情就開始驕傲，遇到一點挫折就悲觀厭世等。作爲媽媽，一定要抓住這個機會引導孩子參照其他人、參照以往的經歷進行自我分析，避免孩子自卑或者自負。

第三，孩子的自我情緒調節能力比較弱，而且很容易受家長情緒的影響，因此媽媽要首先鍛鍊自己的心理調節能力，進而幫助孩子加強自我心理調節。多和孩子溝通，這樣孩子遇到問題時才願意向父母傾訴，才能第一時間發現問題。

媽媽的心情筆記

Chapter 05
青春期叛逆——媽媽要往東 孩子偏往西

躁動青春期 不由自主會產生敵意

「你小時候那麼乖，現在怎麼那麼不聽話？」這可能是很多媽媽在面對青春期孩子時的困惑。

說來也奇怪，一直聽話的孩子到青春期就變成了炮仗和刺蝟的結合體，別說管教他們了，就是什麼都沒做都有可能收到來自孩子的敵意。

為什麼好好的孩子開始變了？如果媽媽有這樣的想法，就一定要先了解青春期。每個人都有過青春期，媽媽們也不例外。孩子在青春期時從身體到心理都會發生很大的變化，情緒波動往往也比較大，而且比較容易受到各方面環境的影響。

對於媽媽們而言，再也沒有比自己最疼愛的孩子與自己為敵更加讓人難以接受了，更何況這個孩子從前還

很乖。其實，如果你對青春期有透徹的了解，就不會這樣難以接受了。

為什麼青春期的孩子一定要和父母對著幹呢？

一方面，青春期是個體從兒童向成年人過渡的一個時期，這個階段不僅有生理上的變化，心理特徵也會有所改變。在兒童時期，孩子依賴成人，因此父母習慣於約束教育孩子的生活和行為等方方面面，但是隨著孩子年齡的增長、生活圈變大以及生活逐漸複雜，孩子會漸漸脫離父母的徹底掌控，逐漸產生自我意識。

另一方面，孩子此時的人生觀點、情緒特點也漸漸顯露並逐漸成熟，更加接近成人，此時如果家長還對孩子像以前那樣過於約束的話，就會引起孩子的反叛心理。

但這並不代表家長什麼都順著孩子來就可以，因為在這個重要的過渡階段，孩子非常容易受到各方面的影響，如果沒有正向的引導，孩子就極有可能偏離正軌。

高興小時候一直是媽媽的驕傲，因為他雖然是個男孩，但從來不像其他男孩子那樣到處亂跑惹事，一直都是比較讓父母放心的孩子。只是隨著青春期的到來，他就像是變了個人一樣，經常顯得焦躁不安，脾氣也變得火爆，時常對事情表現得不耐煩，甚至有破壞欲和暴力傾向。

有一次高興上學起床晚了，穿衣服時就很煩躁，刷牙之後放杯子的動作也明顯很粗暴，出門之後眼看著公車從自己面前過去，沒有趕上的高興狠狠地踹了公車站牌一腳。高興媽在當天就接到老師打來的電話，說高興和同學動手了……

關於青春期的生理和心理變化，專家做過很多研究。比如心理學家斯普朗格（Eduard Spranger）就將青春期稱作「人生的第二次誕生」。可見這個階段，人會改變很多，如果處理不好，就會引發第2次危機。

很多媽媽不知道該怎樣應對孩子的青春期，時常顯得焦慮，這會讓這個階段情緒本來就比較敏感的孩子更加焦慮。如果媽媽想要透過家長權威壓制孩子，這種控制欲會影響到本身情緒就不穩定、有些叛逆的孩子。

不管怎樣，做媽媽的首先不要慌，要淡定一點，這樣有利於穩定孩子的情緒，之後再探討孩子此時的心理狀態是否有問題、哪些是不需要干預的、哪些是需要干預的。可以根據以下方面來做判斷：

首先，媽媽們需要知道，這個階段的孩子各方面都充滿了矛盾感，因為各種變化使得他們情緒波動比較大，他們可能會因為缺失安全感，對周圍充滿不確定的敵意，這並不是針對父母，而是正常現象。並且此時孩子的躁動也是有理由的，反而那些過於少年老成的孩子更加必須注意，從心理衛生的角度來看這樣反而是不正常的。

其次，孩子情緒的躁動並不代表什麼，但孩子的態度往往會反映出他的心理問題，如果經常多愁善感、非常憂鬱、情緒特別低落、遇到問題的時候很難面對挫折，甚至出現斷食、失眠、輕生等極端現象，媽媽這個時候就必須進行干預。

需要說明的是，並不是所有孩子在青春期都會出現很多問題，有的孩子在青春期也是精神飽滿、積極向上的，並且有一定的自律能力，能夠很快地適應新環境，遇到問題也能積極去解決，這時候媽媽們要開心，而不是擔心孩子狀態有問題。

媽媽能夠保持平常心，孩子就處於一個相對穩定的環境，能夠舒緩自己的情緒。如果媽媽一直充滿焦慮，孩子稍微有個風吹草動媽媽就不淡定了，那麼孩子就會更加手足無措。

無論何時都要記住，孩子的成長是一個不斷變化的過程，不要糾結於孩子的昨天，要用包容的心去引導孩子，幫他順利度過青春期。

孩子渴望自由獨立 媽媽卻事事干預

先吃麵包，不要空腹喝牛奶。

都說了多少次了！回家之後先換衣服再幹別的事。

都是朋友有什麼可吵的？你先低個頭，打電話道個歉事情不就過去了嗎？

不要穿這件衣服，這件不好看，試試那件。

艾寶不知道有多少次想沖著媽媽大吼「煩死了」。從她小時候開始，媽媽就喜歡打著「為她好」的旗號控制她，媽媽總是事無巨細地安排好關於她的一切事情，這讓艾寶覺得自己是媽媽的一個「分身」。隨著年齡的增長，艾寶越來越渴望脫離媽媽的掌控。

艾寶也嘗試過反抗，但胳膊擰不過大腿，最終總是以媽媽的勝利而告終。這樣的情況一直延續到高中畢業。大學選擇科系的時候，媽媽突然把決定權交給艾寶，並對她說：「現在你長大成人了，以後的事情你自己做決定吧。」在媽媽看來，她做到了收放有度，在合適的時候放開了手，而艾寶此時卻不知道該做怎樣的選擇，甚至有一種被父母拋棄的感覺。

孩子從誕生的那一刻起，就是一個獨立的個體。在孩子成長的過程中，父母少不了要給予關愛和呵護，但是隨著孩子長大，父母也要學會慢慢放手，讓孩子脫離自己的掌控。如果過度關心、保護孩子，一直插手孩子的事情，那麼不僅孩子不會按照你預想的那樣成長，你還會成為孩子健康成長過程中的阻礙。

有機構對上萬名小學生做過問卷調查，主要內容是關於遇到挫折和困難會如何應對。讓人想不到的是其中超過97%的孩子都選擇了向老師和家長求助，只有很小一部分的孩子會自己想辦法解決。這個資料出人意料，但也反映出現在的父母對孩子過度關懷，導致孩子的習慣性依賴、缺乏自信、缺乏主見、面對挫折時沒有應對的勇氣等性格特徵。

孩子的成長是一個學習和體驗的過程，每個階段都有必須要學習和經歷的事情，如果媽媽總是打著關心的幌子代勞孩子的一切事情，很有可能造成孩子生長的斷層，抑制了某個階段的成長，在後續要彌補這個斷層就需要孩子付出更多的時間和精力，這也會給孩子造成很大的壓力。

青春期的孩子渴望脫離父母掌控，自己去嘗試一些事情，而媽媽這個時候什麼都干涉，更像是為了滿足自己的心理需求。這樣做的結果很有可能是把自己推到了孩子的對立面上。

成長是一個循序漸進的過程，其中很多事情都會成為人生閱歷的一部分。在成長的過程中，心理承受能力和獨立意識都會逐漸完善，而媽媽在孩子不願意被干涉的時候插手他的事情時容易帶有負面情緒，這種情緒也會傳染給孩子，使得雙方都不愉快。不如給孩子一些自由，解放自己也解放孩子。

小德的媽媽就奉行體驗式成長的理念，在小德很小的時候，小德媽就開始「放養」了，在保證安全的情況下從不干涉小德的行動，孩子摔倒後也不會大驚失色地趕緊扶起來，而是笑著讓小德自己站起來，而這時候小德也不會大哭。

有一次親戚來小德家吃飯，夾菜的時候小德拿起一個辣椒要往嘴裡放，坐在一邊的小德姑姑站起來就要奪下辣椒。姑姑的過度反應把小德嚇壞了，當即抓緊了手裡的辣椒，大哭不止。小德媽把姑姑拉到一邊說道：「沒關係，他自己吃一口下次就不會吃了。吃一口沒事的，你越是不讓他嘗試，他越要偷著嘗試。他在你面前做危險的事你可以阻止，那不在跟前呢？」

就像小德媽說的那樣，小德吃了一口辣椒之後被辣壞了，吐著舌頭找水喝，從那之後小德再也沒有要吃辣椒了。

大部分媽媽都會像姑姑那樣選擇出手阻止孩子去做大人自認為危險的事情，實際上與其不讓孩子接觸危險，不如讓孩子認識到危險，這樣他以後面臨問題的時候就會知道避開。

青春期的孩子更是如此，這個階段的孩子反叛心理本來就強，不管媽媽怎麼強調哪些事情不能去做，出於叛逆心理，孩子也一定會去嘗試一下，因此，不如睜一隻眼閉一隻眼，不是原則問題就不要越線，孩子都有自己的判斷能力，給孩子信任才能讓孩子的青春期配得上他的青春年少。

如果媽媽們不知道界限在哪裡，哪些可以參與，哪些不能干涉，那麼可以從以下幾方面去評斷：

首先，在生活方面，不涉及原則性的問題不要去干涉。每個人都有自己的生活習慣，且不是十全十美的，如果孩子生活習慣上有一點小瑕疵，媽媽也別心急火燎地要求他立馬改正。

比如孩子做事懶散，媽媽可以適當地交給孩子一些任務，如讓他幫忙清潔打掃，這種讓孩子靠近自己的方式好過直接命令孩子，不會讓他覺得自己的生活受到侵犯。必須注意的是，媽媽不要帶有負面情緒去要求，而要用正常語氣去商量，這樣孩子才不會一開始就帶有情緒。

其次，青春期的孩子渴望脫離，媽媽可以像放風箏那樣，但不能完全撒手不管。畢竟在這個階段有很多孩子不能自己解決的問題，媽媽要做的不是幫孩子解決，而是在孩子允許的情況下參與其中，可以適當引導孩子，或者以自己的經歷告訴孩子可以嘗試怎樣解決，又或者給孩子一些提示，引導孩子獨立思考，這樣孩子才能在一個安全的範圍內自由生長。

最後，很重要的一點就是要給孩子足夠的空間與時間去實踐和學習，因為成長過程中的各種經驗是非常寶貴的，即便是失敗和痛苦，也是不可錯過的人生墊腳石。

想讓孩子進一步，父母就要退一步，別因為孩子試圖脫離自己的掌控就直接發火，心態要平和，不要過分干涉孩子的生活，這樣才能讓孩子離你越來越近！

孩子「網路成癮」媽媽如何面對問題？

隨著時代的發展，電腦越來越普及，幾乎成為家家戶戶的必備物品。Covid-19疫情期間，電腦更是成為孩子不可或缺的學習工具。在頻繁使用電腦的情況下，孩子很容易染上網路癮。這是很多媽媽感到頭疼的問題，而且是無法避免的。

媽媽們之所以擔心，是因為未成年孩子的世界觀、價值觀都沒有完全形成，他們到了青春期後隨著自我意識的逐漸覺醒，喜歡獵奇事物，如果沒有好好管教，那麼孩子很可能誤入歧途。

不過我們不能把一切原因都歸咎於外界以及孩子本身。從孩子的角度來說，成長中的他們本來就會本能地學習周圍的一切，不能像成人那樣明事理，知道什麼是對、什麼是錯；從大環境的角度來說，這個資訊爆炸的時代本身就存在很多不良資訊，孩子根本無法完全不受影響。

媽媽要從源頭思考問題，為什麼網路對孩子有那麼大的吸引力？孩子為什麼沉迷其中不可自拔呢？先反省一下自己，是不是每天都抱著手機看直播、追綜藝、刷電視劇？自己有沒有經常和孩子交流？先思考自己為什麼會沉迷於手機，可能就會理解孩子為什麼會那麼沉迷於網路了。

有些媽媽由於缺乏興趣愛好，閒置時間就透過玩手機打發時間，慢慢地沉迷其中。成人尚且難以自控，更何況本身就沒有什麼自控力的孩子呢？

不得不承認，孩子沉迷網路肯定有一部分是家長的原因。成人世界很廣闊，涵蓋事業、家庭、社交圈子等生活的方方面面，而孩子基本就是兩點一線，如果家長忽視了對孩子的陪伴，那麼孩子可能就要去尋找能夠滿足自己心理需求的東西了，比如上網。

琳琳剛剛升上初中不久就有了網路癮問題。因為學習成績還不錯，所以媽媽奉行「散養政策」，並不過多干涉她安排自己的課餘時間。琳琳的媽媽工作繁忙，回家以後還總是透過電話、通訊軟體溝通工作，琳琳的爸爸也總是很忙，這讓琳琳感到無聊，後來無意中從同學那裡知道了一款網路遊戲，她抱著放鬆的心態試了試，沒想到卻很快成癮了。

媽媽發現之後發了很大的火，不明白一個女孩子怎麼就突然沉迷於打打殺殺的遊戲，面對媽媽的滔天怒火，琳琳反而好像有更多的委屈，一氣之下不和媽媽說

話了。琳琳媽媽冷靜下來之後，向從事兒童心理教育的朋友諮詢，朋友了解情況後，建議她把工作不要安排得太滿，假期帶著女兒出去走一走。

於是琳琳媽抱著試試看的態度，減少了工作時間，改和琳琳聊天，問學校的新鮮事，週末一定抽出一天帶琳琳出去玩，去博物館或者郊外旅遊。

一開始琳琳並不願意出門，但是在媽媽好言好語的勸說下，琳琳還是答應了，讓媽媽沒想到的是琳琳在外面玩得特別開心，期間根本沒有玩手機遊戲。後來幾次外出，琳琳對考古感興趣了，回家開始上網查很多歷史知識，還讓媽媽買相關書籍，也不再沉迷於遊戲了。

其實很多時候問題並不只出在孩子身上，當孩子缺少足夠的陪伴、生活缺乏樂趣的時候，就會因為精神世界空虛尋找依賴，此時如果碰巧網路中一些東西介入了生活，孩子就容易陷入其中，再加上自我控制能力不健全，一旦得不到及時糾正，久而久之，自然就會成癮。

如果媽媽經常給予孩子情感上的陪伴，幫孩子尋找興趣愛好，豐富孩子的現實生活，他就不會沉迷於網路的虛擬世界了。

不過就像之前說的那樣，網路現在已經普及到了生活的方方面面，人們無法離開網路生活，因此如何正確使用網路成為媽媽們的新困擾。不妨從以下幾點入手：

一、沒有規矩不成方圓

制訂一個符合孩子情況的網路使用準則。媽媽要清楚一點，青春期的孩子情緒波動比較大，所以一定要用商量的語氣和孩子一起制訂規則，比如網路主要用於學習，偶爾娛樂放鬆可以，但要有時間的限制，這樣有利於建立孩子的時間觀念，同時可以避免因接觸網路時間過長而成癮，對孩子健康造成不良影響。

通常來說，平時使用網路不要超過1小時，假日也要保持在2小時之內才好。現今網路犯罪猖獗，要告訴孩子不要透露自己的相關資訊，如果遇到陌生人的騷擾可以第一時間向媽媽尋求幫助。重要的是要把違反規則必須付出的代價事先商量好，比如違反了規則要禁用網路多久。

用商量的語氣可以增加孩子的信任度，不要用高高在上的姿態，尤其是面對已經有了網癮的孩子，千萬不要帶有情緒，或是使用批評式的強制性語氣。

二、媽媽要做好榜樣

如果家長沒能起到一個良好的帶頭作用，那麼教育孩子或者制訂規則都沒有說服力和約束力。因此媽媽要先下定決心，審視自己是否有網癮問題，進而加以改正，這樣才能更好地幫助孩子戒除網癮。

三、善用網路洞察孩子問題

最後一點比較重要，既然孩子離不開網路，那麼媽媽就可以利用這一點發揮網路的正常作用，透過網路足跡來了解孩子的一些情況，但要注意界限，不要窺探孩子的隱私。比如媽媽可以成為孩子遊戲中的「隊友」，或者是可以傾訴心事的陌生網友，這樣在了解孩子的同時也能第一時間洞察問題，及時調整教育方法，以免讓青春期的孩子遠離自己。

無論如何，媽媽都要保持積極肯定的態度，不要發現孩子有網癮問題就情緒失控，用看待罪人的眼光去看待孩子。要知道孩子在成長過程中出現任何問題都是正常的，都是可以改變的。家長可以不斷給自己充電，孩子喜歡什麼，家長就去學習什麼，以此更加深入地了解自己的孩子，幫助他尋找未來更多的可能性。

越是防堵早戀 孩子越想試試看

愛情是一件很美好的事情，但是當愛情和自己未成年的孩子聯繫在一起，這問題就足以讓媽媽們崩潰了。在很多媽媽的眼中，「早戀」是十惡不赦的事情，危害巨大。為了避免孩子過早戀愛可能帶來的種種問題，有的媽媽不惜監視孩子，甚至希望孩子不與異性來往，好像只有這樣才能做到萬無一失。

但是回憶起自己的青春，哪個人沒有過那麼一段情竇初開的青蔥歲月呢？青春期不僅是孩子心理變化的時期，更是身體發育的一個階段，因為性器官的發育完成，孩子會對異性感興趣，這是很自然的，反倒那些對異性一點興趣都沒有的孩子，媽媽才必須擔心呢！

雖說此時的孩子可能是透過一些管道對愛情有了懵懂的了解，但並不是特別成熟，因此父母不要向孩子灌輸異性交往是十惡不赦、羞恥之類的觀念。透過這樣的方式杜絕「早戀」，結果不是孩子因為叛逆早嘗禁果，對父母失去信任，就是對異性交往充滿了恥辱感或者是恐懼感。

所謂的「早戀」，說到底不過就是青春期的一段感情旅程，僅此而已。

瑞瑞步入青春期以後，像所有青春洋溢的小女孩一樣，看見長得帥的小哥哥心裡就會小鹿亂撞。因為瑞瑞向來聽話自律，所以媽媽並沒有特別干涉過孩子的校園生活。可是有段時間媽媽發現瑞瑞開始給抽屜上鎖，不禁讓媽媽心裡警鈴大作，這太反常了！以前女兒可是有什麼事都向自己傾訴的，現在怎麼還有了秘密呢？

於是，在瑞瑞不在家的時候，媽媽撬開了女兒的抽屜，發現了一本日記，裡面記錄了瑞瑞和一個大自己一屆的男生的戀愛心事。這讓瑞瑞媽瞬間氣炸了，當即打電話給女兒要求她馬上回家。瑞瑞回來後看到日記本放在客廳茶几上，一時間又是憤怒又是害怕，她直覺自己可能做錯了，但又生氣媽媽私自窺探自己的隱私。

瑞瑞媽沒有在意這些，生氣地說道：「小小年紀不學好！還學會早戀了！你告訴我那個男孩是誰！我要讓你們老師找他的家長！」

瑞瑞又怕又怒，辯駁道：「我們好多同學都有男朋友了！為什麼我不可以！我又沒有影響學習，怎麼就丟人了……」氣頭上的媽媽並沒有聽完女兒的辯駁，憤怒之下的她一巴掌搧在了瑞瑞的臉上，也重重地打進了瑞瑞的心裡。瑞瑞在羞怒之下跑出了家門。

瑞瑞媽媽的教育方式顯然是不可取的，不僅僅是窺探女兒隱私這點不對，也不該在發現女兒早戀之後就心態崩盤、如臨大敵，繼而出現不可控的暴力行為。有些人站在媽媽的角度，覺得能夠理解瑞瑞媽的做法，他們認為早戀會影響孩子的學習成績，阻止方法即便是極端了一點也是情有可原的。

但事實真的是這樣嗎？很多教育專家都說過，青春期的孩子對愛情充滿憧憬是非常正常的現象，每個人都有追求愛情的權利，為什麼要把「早戀」定義成荒謬的行為呢？

或許有的媽媽會認為，既然有「早戀」這個概念，那麼就是應該禁止的，因為孩子在成長的過程中身心發育還不成熟，情緒波動比較大，如果出現了愛情問題，就會直接影響孩子的情緒以及心理健康。成年人在愛情中受了傷尚且需要長時間的恢復，會有一段時間的低迷，更何況是孩子？

考慮到孩子心智發育尚未成熟，媽媽確實不能支持孩子「早戀」，但也不要把這件事看得太過嚴重，像瑞瑞媽那樣直接就把早戀定義成了「不學好」，還要找老師，這嚴重地傷害了孩子的自尊心，同時也讓孩子更加叛逆，難以管教。

打罵或強硬的阻止都不能夠讓孩子放棄「早戀」，而且家長越是圍追堵截，孩子就越是想要嘗試，因為這個階段的孩子叛逆心理非常強，也許孩子本來只是有一點點小心思，在媽媽的強行阻止下，反倒讓孩子心裡對異性的好感變成一種「非他不可」的錯覺。

媽媽們不要太緊張，孩子對異性感興趣並不一定是愛情，媽媽們千萬不要拿出過度擔心的態度，在動之以情、曉之以理的基礎上順其自然，孩子也許會理智地處理與異性朋友之間的關係。

當然，在孩子對異性朋友有朦朧好感的時候，媽媽也不能絕對放任孩子，需要適當地引導，讓孩子知道什麼該做、什麼不能做，這樣才能幫助孩子建立良好的青春期交友觀，讓孩子在初戀中體會到青春期的甜蜜。

只是要記得，這一切都是建立在對孩子異性交友沒有偏見，能夠坦然面對孩子對異性有好感的基礎上，家長不帶負面情緒，孩子才願意聽從你的建議，遵守你的規則。

首先，發現孩子可能有了男朋友或女朋友之後，不要生氣，也不要嘲笑，可以先心平氣和地和孩子談一談他的戀人，一定要表現出不會反對的樣子，這樣孩子才不會把「早戀」轉為「地下情」以躲開你的「監視」。

只有成為孩子可以傾訴的朋友，才能第一時間掌握孩子與其戀人發展是否正常正向，是否需要引導。

其次，初步取得孩子的信任之後，可以考慮和孩子的戀人見上一面，當然，也不用特別正式。面對孩子的戀人不要抱有敵視的態度或者特殊對待，就像是正常對待孩子其他的同學朋友那樣就可以了，正常地聊天，平等地交流，才能給足孩子尊重，也讓孩子的戀人明白你是信任他的，此時他的內心就會產生一種道德責任感，這樣有利於架起孩子與戀人之間的一道防線，以免他們逾矩，畢竟沒有人願意讓相信自己的人失望。

很多媽媽最擔心的是孩子過早偷嘗禁果，但你越是藏著掖著，孩子就會越好奇，這是他們的天性——不了解就想了解，不懂就想嘗試。因此媽媽們不要避諱性知識，將性神秘化。大可開誠布公地對孩子進行性教育，對孩子進行正確的引導，這樣也能給孩子的青春期異性交往多加上一層安全保障。

給媽媽的心裡話

永遠不要和青春期的孩子較勁

TIP 1 不要跟孩子較勁

有些媽媽嘴上說著和孩子做朋友，但實際上一直保持「高高在上」的姿態。她們表現「平等」的時候，往往是因爲孩子和自己立場一致，或者說順從自己。當孩子唱反調的時候，她們就會試圖使用家長權威或者各種各樣的手段來管制孩子，讓孩子重新回歸自己的陣營。

在孩子步入青春期以後，隨著心理的變化以及自我意識的逐漸顯現，不知何時孩子會和父母想法相悖，發生衝突，再加上青春期的孩子情緒不太穩定，此時更需要父母進行正向的引導教育。

叛逆是很正常的事情，這是孩子心理成長的一個過程。經歷了這個過程之後，孩子就會逐漸脫離對媽媽的依賴，成爲一個能夠獨立思考的個體。

身爲媽媽，要記得，千萬不能夠跟孩子較勁，試圖通過控制來維持家長的權威，要了解孩子的需求，慢慢地去引導孩子。

TIP 2 以柔克剛

面對問題時，媽媽要是帶著情緒，那麼孩子自然也就帶著情緒。爲了孩子能夠健康成長，媽媽不妨說服自己以平常心對待孩子這種並不可愛的轉變，接受孩子的挑戰，可以考慮用以下方式進行引導：

第一，摒棄批評責罵，溫和待之。很多媽媽習慣了命令式的口吻，在孩子小時用這種方法十分奏效，但隨著孩子長大，這種方式一定會過時，尤其是處於青春期的孩子本身就容易對周遭事物抱有情緒和敵意，會更加抵觸這樣的教育方式，所以家長要學會以柔克剛，不要非得和孩子爭個高低，要注意保護孩子的自尊心。

發現孩子的行爲不妥當的時候，媽媽要保持平和的態度，不要馬上強硬地糾正指摘，可以透過講故事和舉例來引導孩子，讓他得到啟發，意識到自己的錯誤行爲，進而改正。這樣的方式不僅能夠維護家長眞正的權威，讓孩子信服於你，也能幫助媽媽安然地和孩子一起度過青春期。

第二，孩子的意見也很重要，尤其是正處於青春期的孩子，他們漸漸地有了表達自己想法的欲望，此時要賦予他們表達的權利，即便他們的想法可能過於幼稚，家長要引導孩子完善自己的想法，而不是忽視敷衍。

平時家長可以多讓孩子參與一些事情的決策，比如家庭中決定事情時，可以參考孩子的意見，這樣孩子會覺得與爸爸媽媽是一個陣營，也就不那麼容易和父母作對了。

第三，培養孩子的獨立意識是重中之重。每位媽媽都是所謂的「過來人」，都想在孩子遇到問題時第一時間以自己的經驗告訴孩子最佳方法，這樣好像可以讓孩子避開麻煩，但也剝奪了孩子經歷事情的機會，即便是好心，也會激發孩子的叛逆心理。

媽媽的心情筆記

Part 3

佛系媽媽的修行路

——跨越心理關卡 從焦慮變平和

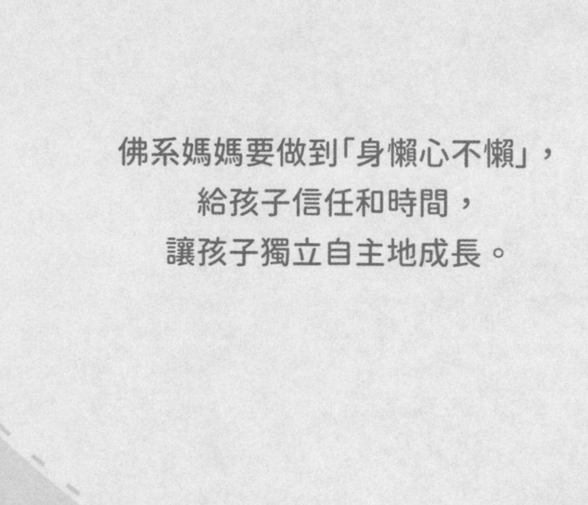

佛系媽媽要做到「身懶心不懶」，
給孩子信任和時間，
讓孩子獨立自主地成長。

Chapter 06
停止吧！
別一直在你孩子頭頂盤旋

捫心自問 你是不是「直升機媽媽」？

你是不是「直升機媽媽」？如果你不太確定，那麼可以試想一下：

你是不是不太相信自己的孩子，總是替孩子做各種各樣的決定？

你是不是總試圖控制孩子，想讓孩子順應自己的意思行動？

你是不是喜歡安排孩子的一切，希望所有的事情都能夠妥當不出問題？

如果你是這樣的媽媽，那麼「直升機媽媽」這個概念你就該了解一下了。

所謂的「直升機媽媽」，指的是對孩子保護過度、

事無巨細的媽媽。說得具體一點，就像是盤旋在孩子頭頂上的直升機，時時刻刻都監督著孩子，以便第一時間插手孩子的事情，避免孩子出現什麼閃失。

「從看見自己孩子的那一刻起，就已經發誓要一輩子保護他了！」很多媽媽會有這樣的想法，但有時候這不一定是好事情。因為毫不吝嗇的關愛和付出，也剝奪了孩子成長的機會。

媽媽們這種「無私」的付出可能到最後只能感動自己，並不能夠感動孩子，很多「直升機媽媽」到最後基本都會變成專制。比如，孩子剛剛學會走路的時候，摔倒是很正常的事情，正確的做法是不要比孩子先「爆發」，冷靜地安慰孩子沒關係，鼓勵他自己站起來；而「直升機媽媽」的做法則是過度安慰、緊張、責怪絆倒孩子的平地。

一般來講，「直升機媽媽」有3種：

一種是樂於安排孩子的生活，除了學習之外什麼都不用孩子插手，孩子每天吃什麼、穿什麼、幾點出門都給規劃好。

一種則是緊跟孩子的學習，安排孩子的各項學習任務、各種才藝班和補習班，完全無視孩子的喜好，只根據自己的判斷來。

還有一種是插手孩子的社交，干預孩子與什麼樣的朋友交往，在孩子與朋友鬧矛盾的時候直接自己出面。

這些看起來都是為了孩子，實際上這種可怕的照顧會讓孩子感受到巨大的壓力，剝奪了孩子的成長空間。媽媽什麼事情都大包大攬，結果要麼就是孩子缺乏自主能力，過度依賴；要麼就是產生嚴重的反叛心理。

每個人都需要有自己的空間，孩子也是一樣，任何一個媽媽在孩子成長的過程中都應該適當地給予他空間，而不是把孩子當成自己的「洋娃娃」。

且媽媽本身有自己的工作和生活，還要包攬孩子的一切，身上的重擔可想而知，任何人在高壓的情況下都容易心理失衡，產生焦慮，而這種情緒會直接傳遞給孩子，結果就是孩子出現不明原因的焦慮，媽媽也心力交瘁。

絲絲媽從小就奉行精英教育，她生下絲絲之後就決定要把女兒培養成一個琴棋書畫樣樣精通的淑女。因此絲絲很小的時候就開始輾轉於各個才藝班。絲絲媽不是全職主婦，上班也很忙，但每次看到其他孩子什麼都不懂就知道玩的時候，她就覺得她的忙碌是有意義的。

但是這種育兒驕傲隨著絲絲進入學校就漸漸消失了，因為絲絲從3年級開始成績下滑。為什麼明明給絲絲報了那麼多的補習班，她的成績卻下滑了？這讓媽媽大惑不解。

她能夠理解孩子辛苦，但自己難道不辛苦嗎？孩子下課就讓孩子搭車去培訓班，自己下班之後直接到培訓班去守著陪同，等孩子下課。回家也不用絲絲做什麼家事，而她還要給女兒做營養的晚餐，絲絲做作業卻拖拖拉拉，每次都到時間很晚才完成。

媽媽覺得絲絲太軟弱了，全家都圍著她轉，誰不累？女兒怎麼就這麼不爭氣呢？於是媽媽爆發了，沒想到絲絲更委屈，說媽媽根本不愛她，她就是媽媽炫耀的工具，再也不想做媽媽的女兒了。

可以想像到絲絲媽有多傷心，自己付出了一切為孩子的未來鋪路，最後卻不被自己的孩子理解。其實媽媽大可不必付出一切只圍著孩子轉，絲絲的拖拖拉拉只是一種反抗，她知道即使自己高效地完成了學習任務，也沒有休息的時間，那麼還不如偷懶。

媽媽有自己的消遣，壓力大的時候偶爾能逛街或者追劇，緩解一下壓力，但孩子的生活圈就那麼大，他的世界還太小，如果家長時刻跟在身邊，孩子是很難有自由可言的。一味給孩子施加壓力，只能揠苗助長。

想要孩子健康成長，媽媽就要給孩子成長的空間，不要像架直升機時時刻刻盤旋在孩子周圍，掌握孩子的一舉一動，安排孩子的一切，這樣你辛苦，孩子也辛苦。不如從觀念上轉變一下，先放開一些小事讓孩子自己去做，你可以在旁邊引導，但不要越俎代庖，這樣才能慢慢鍛鍊孩子的處事能力，你這架直升機也才能平穩落地。

孩子長大的過程中心理以及行為都會發生改變，父母早晚要學會放手，相信自己的孩子，不要覺得放手是背叛，而是給雙方空間，讓孩子不斷實踐和體驗，這樣他才能儘早成為一個獨立自主又自律的好孩子。你當直升機，孩子也不一定能飛起來，你先落地，孩子才能腳踏實地安心向前。

媽媽的控制欲 會帶給孩子多大壓力？

前幾年有一部有意思的動畫電影叫《可可夜總會》，主題是關於家庭的，內容很溫馨，但是開頭部分卻矛盾重重，熱愛音樂的小男孩米格只能背著曾祖母玩吉他，因為曾祖母的父親為了追尋音樂夢而拋棄了妻兒，所以米格的曾祖母認定熱愛音樂的人會瘋狂，音樂的存在會毀掉家庭。

米格多次嘗試說服曾祖母自己不會那樣做，但曾祖母覺得米格已經失控了，憤怒之下毀掉了米格心愛的吉他。米格在傷心憤怒下離家出走，在亡靈節（編按：在墨西哥，亡靈節是家人和朋友團聚在一起，爲亡者祈福的日子）時因意外進入了亡靈世界。此時的他想要回到真實世界，唯一途徑是得到長輩的祝福，但曾祖母的祝福是希望米格以後再也不接觸任何與音樂有關的東西，她覺得這才是為米格好。

這樣的事情很普遍，中國有句老話「愛之深，責之切」，很多家長都認為孩子的決定不成熟，自己的想法才是對的，只有按照自己的想法前進，孩子才能避免走錯路。

孩子，你還記得隔壁小明成績是怎麼下降的嗎？對了，就因爲他玩電腦不能自拔，上了癮。你現在沒有足夠的自控力，會上癮的，聽話，媽媽是爲你好。

孩子呀，你看明星的儀態多好啊！含胸駝背不好看，學舞蹈不是爲了讓你以後跳舞，媽媽是爲了讓你有個好儀態，你不要總是抵觸，你試試，慢慢就會喜歡了，相信媽媽說的沒錯。

孩子啊，你作業是做完了，但是你現在如果再複習一下，那麼考試時哭的就是現在玩的孩子，那個時候你就可以好好玩了，媽媽什麼時候騙過你？

孩子，麵包不健康，高糖高熱量，以後你會發胖的，媽媽什麼時候說錯過？媽媽看事情還是很準的！

很多媽媽都對這種「苦口婆心」的話不陌生，可能都跟孩子講過這樣的道理。但不管你講得多有道理，付諸實施之後其實都是對孩子的一種控制。寶寶的媽媽就是如此，她覺得自己的教育方法沒錯，是為了寶寶好，因為寶寶還小，理應幫她做好規劃。

但是寶寶並不能感受到媽媽對她的好，只覺得自己做什麼都不對，什麼都是媽媽說得有道理，她不想再聽媽媽的話了。

要不是認識了新朋友，她還不知道生活中有那麼多有趣的事情。原來身邊的朋友都在看《流浪地球》，也喜歡《粉紅豬小妹》，自己卻從來沒有看過這些東西，在朋友聊天的時候，她一句也插不上嘴。媽媽還嫌她和朋友玩的時間太久了，耽誤學習，就算給她出去玩的時間，也只有短短的1小時，超過1分鐘就會被媽媽的「奪命連環call」叫回家去，回去當然也免不了媽媽自以為講道理實則強硬的批評。

寶寶越來越覺得媽媽可怕，就像是一座山一樣壓在自己的身上。以前不讓玩電腦、不顧她的喜好強行報名舞蹈班就罷了，現在連她和朋友的日常交往也要干涉，這讓她越來越覺得壓力很大。

寶寶媽也覺得很委屈，自己明明心平氣和地和孩子講道理，為什麼孩子不能理解自己，總是曲解自己的好意？她想和朋友玩，自己也沒有不讓她玩，但總要有時間限制吧？

寶寶媽媽的想法好像很有道理，但是仔細想想又不對。很多媽媽都跟寶寶媽媽一樣，覺得沒有強硬地要求過孩子，都是跟孩子好好地講道理。但事實真的是如此嗎？從本質上來說，這些媽媽所謂的講道理實際上並沒有給孩子選擇權，而是把自己已定的觀點強加給孩子。

所謂的為了孩子好，背後隱藏的是媽媽本身的控制欲，控制欲是人際關係的一種，它並不能給孩子帶來正面情緒。

控制欲強的媽媽往往很容易變成「直升機媽媽」，總是盤旋在孩子身邊，即便她沒有像「直升機媽媽」那樣一直環繞著孩子，也習慣性地干涉孩子的一切，管理孩子的一切，也很容易讓孩子覺得媽媽時刻在監視他，這種無形的壓力會讓孩子感到很窒息。

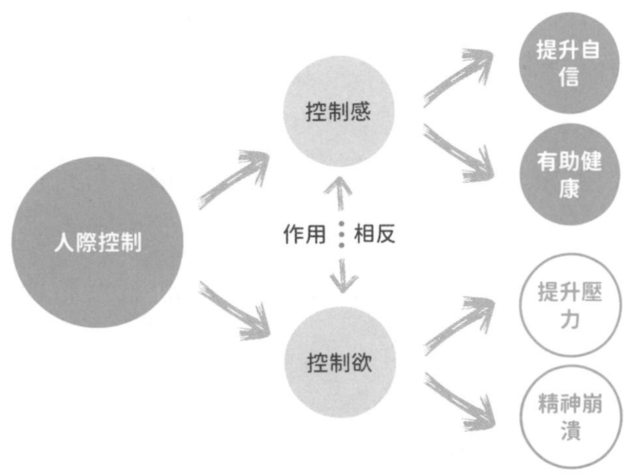

註：「控制欲」屬於人際控制的一種，「控制感」則是自我效能，是指一個人自己能控制場面時，信心指數就會上揚。控制感是自身合成的，控制欲要從他人身上獲取。

明白了吧？媽媽的控制欲就像是一個巨大的陰影一直籠罩在孩子身上，讓孩子做事前優先考慮媽媽的想法，這樣不僅會讓孩子疲憊，還會讓孩子失去自我。就像寶寶媽媽，擔心孩子上網成癮而不讓孩子上網，不讓孩子接觸自己眼裡所謂的「雜七雜八」，結果就是讓孩子和同齡人脫節，和時代脫節，在人際交往中連最起碼的話題都沒有。

給孩子報所謂「為她好」的課外班，卻無視孩子的興趣愛好，即便孩子一直學下去，也是逼迫自己學習，而不是快樂地學習；甚至不給孩子玩樂的時間，忘了孩子也需要放鬆、休息和社交……

別把「為你好」當成控制孩子的咒語，媽媽的控制欲會讓孩子越來越恐懼，越來越不自信，越來越害怕父母。

每個孩子都是獨一無二的個體，他們並不是父母的從屬和附庸，每個孩子都有自己的性格，有自己的想法，也有自己的規劃，他們終有一天是要為自己的決定負責，而媽媽無法代替孩子活著，因此也就沒有權利替他們做選擇。

媽媽們，如果你真心為孩子好，那就控制住自己的控制欲，幫孩子降壓，引導孩子去探索成長道路上的各種可能，而你要做的，只是做好孩子堅強的後盾！

孩子不必成爲媽媽想要的樣子

你不是我的希望，不是的
你是你自己的希望
我那些沒能實現的夢想還是我的
與你無關，就讓它們與你無關吧
你何妨做一個全新的夢
那夢裡，不必有我
我是一件正在老去的事物
卻仍不準備獻給你我的一生
這是我的固執
然而我愛你，我的孩子
我愛你，僅此而已

以上節選自詩人海桑的《給我的孩子》，讀完以後不知你是否深有感觸？其實這是很多媽媽理想化的樣子，但她們潛意識裡又總會把自己的想法強加到孩子的人生中，想要參與孩子一生中所有的階段。

人生在世，誰沒有無法實現的理想呢？有些人可能缺少拚搏奮鬥的機會，或因為種種原因導致了理想的破滅。於是乎，有了孩子之後，就想要彌補遺憾，把自己的理想轉嫁到孩子身上。

這看上去可能沒什麼問題，有些家長還透過這樣的方法把孩子培養成材了，但這種機率很小，只能說這樣的事例中孩子和父母有著相同的興趣愛好，不過這只是一種偶然，並不能代表所有的孩子都能帶著父母的理想前行。

有的媽媽甚至有些理直氣壯，似乎自己給了孩子生命，就有權決定孩子的一切。如果你是有著這樣想法的媽媽，那麼最好趕緊改變自己的觀念，否則會毀掉孩子的一生，也毀掉自己和孩子之間的感情。

作為獨立的個體，每個孩子都有自己的獨立意識和思想，他們願意去做自己想要做的事情，也渴望為了自己的理想而奮鬥。如果媽媽強插一腳，把自己未實現的理想強加給孩子，那麼即便孩子在父母的強壓之下實現了理想，最終開心的也是父母，而不是孩子本身，他們感受不到成功的喜悅，只是完成了一項不得不完成的任務。

孩子之所以感受不到快樂，是因為家長忽略了孩子成長的需求，而且從小讓孩子追求的理想，很可能決定了孩子的一生。也就是說，孩子一生都為了父母在奔波，到了這個時候，你還能大言不慚地說你是為孩子好、為孩子犧牲嗎？恐怕孩子犧牲得更多吧！

你可能不知道，未來孩子會成為什麼樣的人，有8成是家庭教育決定的。想要孩子揚名立萬、光宗耀祖，父母自己先要努力拚搏。父母應該是孩子最堅強的後盾，而不應該承認自己的無能，卻要求孩子必須優秀非凡。

美國科學家多伊西（Edward Adelbert Doisy）在1943年獲得諾貝爾獎，站上了人生的巔峰，而之前他差點與諾貝爾獎失之交臂。

他出生那一年正逢美國經濟大蕭條，當時大批美國人失業，生活窘迫，幸好從事工程技術行業的人不在此列，於是多伊西的父親就決定把兒子往工程師方向培養，這樣即便世道再不濟，兒子也能有一個體面而穩定的工作，至少不用為生活發愁。

當然，想當工程師並不容易，因此從多伊西上中學起，父親除了課堂作業外，還給多伊西增加很多習題。其實多伊西對於數學並沒有那麼感興趣，他更喜歡生物、化學，這2門成績格外優秀，因為整體成績都不錯，所以父親並沒有責怪他偏科的問題。

很快，多伊西該考大學了，在填報志願的時候，他希望報考自己喜歡的科系，但是父親堅持要他選擇伊利諾大學工程學院。多伊西知道父親是為自己的未來著想，也明白父親的苦心，最終選擇聽從父親的要求。

但是一個學期下來，結果讓人大失所望。多伊西一直是一個學習很刻苦的孩子，本身也很聰明，沒想到成績卻是班級倒數，這樣的結果讓他的父親和老師都感到很費解。於是老師找到多伊西談心，多伊西坦白自己不喜歡就讀的專業，他是因為父親才進入工程學院，雖然按照要求攻讀了課程，其餘的所有時間他看的書都和自己的專業無關。

知道情況後，多伊西的老師找了學校主管，認為多伊西是個人才，不該在不擅長的領域被埋沒，建議將他轉到應用科學院讀他感興趣的生物化學專業。多伊西的父親並不滿意這個結果，但考慮到多伊西的學習成績也只能答應。果然，到了自己感興趣的領域後多伊西如魚得水，不但順利拿下學位，並在1943年獲得了諾貝爾生理學及醫學獎。

有的父母可能並沒有要求孩子繼承自己的理想，而是站在大環境的視角，希望孩子能夠在一條相對輕鬆的康莊大道上獲得成功，多伊西的父親就是這樣的心態。只是孩子不喜歡的即便他再努力，結果可能也不盡如人意。而他自己所選的路哪怕佈滿荊棘，只要是向著自己的理想奮進，他就可以不畏艱辛，到達成功的彼岸。

如果你愛自己的孩子，那麼不管孩子未來成為什麼樣的人你都要去愛，而不是只希望他成為你想的樣子。只要孩子的選擇不是有悖倫理道德和法律法規，那麼媽媽的支持就是對他最大的幫助。

孩子不必成為你理想的樣子，即便世間所有的愛都以團聚為目的，父母對孩子的愛也要以分離為目的。當孩子離開自己的時候，他已然成為一個獨立有個性的人，這才應該是你所期待的最理想的樣子。

有些音樂家父母可能就是不懂音樂的普通人，但是他們懂得孩子，能夠成為孩子堅強的後盾。

孩子不是父母的橡皮泥，可以隨意捏、任意擺布。

不強行給孩子設置成長的道路，孩子自由你也能輕鬆。作為父母，偶爾教育孩子自私一點，不要讓自己成為他們的心理負擔，孩子的夢想才能帶著翅膀。適當採取佛系教育，不焦慮未來，孩子才能勇往直前，踏上他選擇的最心儀的旅途。

誰都不能護一生 別把孩子教得太單純

「單純」，從另一個角度而言，也是幼稚、偏執、固執、任性、傻氣的代名詞。

不要隨便和陌生人說話，不要吃別人給的東西，不要亂交朋友，不要到處亂跑，不要玩電腦，不要……「不要」這兩個字幾乎已經成了這個時代大多數父母愛的宣言。

這個社會太複雜，父母總想讓孩子單純一點，於是就大大地撐開自己的保護傘，把孩子罩起來，希望他們待在家裡乖乖地不要亂跑，希望他們一切都聽從自己的安排。

父母對孩子的控制欲過強，就會降低孩子與社會的連結關係。1995年美國心理學家羅伊．鮑梅斯特（Roy F. Baumeister）等人的研究發現，低度社會連結者更容易出現低自尊、嫉妒、孤獨和抑鬱等心理問題。

當下很多父母越來越喜歡參與、甚至指揮孩子的人生，這樣除了讓孩子容易產生依賴性之外，還讓孩子喪失適應這個社會的能力，而且父母的控制欲會讓孩子變得孤獨、焦慮、抑鬱。

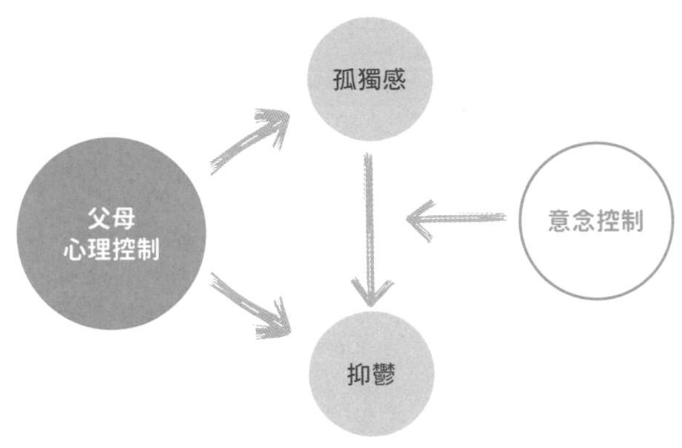

現代社會的居住環境增添了孩子的孤獨感，減少了他們接觸他人的機會，加上父母一再以「單純」作為衡量孩子品德的天平，這導致孩子的社交意識和能力越來越弱。

一位知名大學的研究生畢業後被老師推薦到一個很好的單位上班，可是上班之後，他卻四處碰壁。這時候，他發現自己不但不懂得怎麼與周圍的人建立友好的關係，連職責之內的工作也難以勝任。與同事，他幾乎說不上一句話，因為他不知道怎麼與人搭話；公司聯歡會上，只有他自己傻傻坐在一角，因為他什麼才藝也不會；對上司，他不懂得察言觀色，經常惹來責備。

除了讀書，他發現自己似乎什麼都不會，壓抑的人生一度讓他懷疑自己得了精神疾病。

在他小時候，父母十分寵愛他這個老來子，幾乎替他包辦了所有的事情，只希望他能夠專心讀書，奉行「書中自有黃金屋，書中自有顏如玉」的理論，做一個單純的、聽話的、愛學習的小孩。學校裡任何的課外活動幾乎都不讓他參加，理由是怕他跟其他不良小孩混在一起會學壞。而且一旦他做錯什麼事情，父母都會對他說「你不應該這樣，你應該……」、「你這樣做不對，看我的」等等。

漸漸地，他習慣了按照父母的安排一步一步地向前走，每天都是上學、放學、寫作業，從來不跟同學出去玩，也沒有什麼朋友。父母認為對的，他就去做；父母否定的，他就遠離。就這樣，他成了父母贊許目光中的單純懂事的小孩。

如今當他獨自走上自己的人生舞台，他才發現以往能夠擋風遮雨的父母此時什麼也不能給自己。性格中的孤僻、膽小、退縮，讓他在競爭日益激烈的社會中難以生存。

中國古典小說《紅樓夢》中的女主角林黛玉是一個出了名的心思單純的女孩，聰明貌美，也懂規矩守禮儀，從不會討好任何人，對不喜歡的人或事直言表達，不給他人留有任何情面。

由於從小在單純的家庭環境中長大，父母疼愛，沒經歷過爾虞我詐的社會環境，林黛玉有著少女的天真、單純和直率。然而她這種天性卻給賈府上下留下了敏感小性兒的印象。

林黛玉處處不饒人，別人不敢說的話，她卻偏偏要說。男主角賈寶玉和丫鬟襲人之間有曖昧關係，在大觀園中，這是大家都默認的事情，誰也沒有公開談論，因為誰都害怕捅破這層窗戶紙，林黛玉卻敢當著人面一語道破。她對襲人說：「你說你是丫頭，我只拿你當嫂子待。」襲人是賈寶玉母親王夫人的耳目心腹，是賈寶玉的得力內助，她卻一點也不顧及，語出驚人。

在一次元宵節家宴上，賈寶玉的祖母叫孫子給姊妹們斟酒，道：「你連姊姊妹妹的一起斟上，不許亂斟，都要叫他乾了。」賈寶玉一邊聽一邊應了，給姊妹們一一按次斟上。但是到了林黛玉面前，她卻偏不飲酒，只是拿起杯子，放在賈寶玉唇邊，讓其一口氣飲乾。這種不顧場合的單純率性行為，在長者賈母和王夫人看來，都是十分令人不舒服的。

所以即便她美麗又聰明，還是賈母的親外孫女，王夫人仍然不喜歡她，在自己兒子的擇婚對象上，還是偏向選擇識大體的薛寶釵做自己的兒媳婦。

空洞的簡單是不值得讚揚的，因為未經世事的單純其實不過是幼稚。

在這個複雜的社會裡，各種陷阱防不勝防。作為父母，應該教會孩子自己去面對複雜的社會，而不是把他們關在溫室裡呵護，因為物競天擇是這個世界永恆的生存原理。

不要含辛茹苦 教出一個「媽寶男」

在當今的相親市場最不受歡迎的恐怕就是「媽寶男」了，作為一個應該扛起家庭的男人如果只會依賴，肯定沒有哪個女人願意多養一個「兒子」。想必這些「媽寶男」的媽媽也沒想到，自己精心呵護的孩子有一天會成為不討喜的人。而且很多「媽寶男」的媽媽從來都意識不到自己的問題，還把問題歸結到周圍，幫兒子找理由。

實際上，過度養育就會造成這樣的問題。在孩子成長的過程中，媽媽無條件地干涉孩子的一切，那麼最終就會導致孩子有強烈的依賴心理，成人後沒有基本的生存能力，孩子和父母的生活都會受到巨大影響。

小凱是一個年近30的「尼特族」（即「不就業、不上學、不受訓」的「三不青年」），成天無所事事，只會啃老，雖然長得一表人才，但沒有一個女人願意跟他談戀愛。看小凱這個樣子，一般人絕對想像不到他曾經是學校風雲人物，學習成績優異，而且在知名大學成績還名列前茅。

小凱的媽媽從小就不讓小凱做任何家務活，他只要學習就可以了，學習之外的一切問題都可以交給媽媽解決，包括學校有其他同學欺負他，是媽媽出面處理，上大學之後媽媽也跟過去，在學校附近租房子陪讀。就這樣，小凱習慣了依賴媽媽生活，從來沒有想過獨立。

大學畢業後，小凱找工作遇到了難題，就業形勢嚴峻，但小凱意識不到，好像外界的一切都跟他沒有關係，職缺都是父母打聽好了帶他去，幫他投履歷，各種事情都是父母操持，從始至終他都像是一個局外人，投了履歷也不著急，覺得在家等消息就可以了，除了打遊戲就沒有其他想法，反正工作沒有著落之前有父母養著；小凱媽媽也沒覺得有什麼問題，該給孩子做飯就做飯，該給孩子洗衣服就洗衣服。

終於有一個企業願意招收他為實習生，但是小凱什麼經驗都沒有，也不會察言觀色，端茶送水、列印資料的活兒他不願意幹，還沒到1個月就被公司辭退了，但小凱還像個沒事人似的毫不擔心。之後就一直待在家啃老，得過且過，時間久了連面試都不願意去了。家裡介紹女朋友給他也不當回事，女方看他「媽寶」的樣子也不願意進一步發展關係。

就這樣時間久了，他順理成章地當起了「尼特族」，而父母早已筋疲力盡了。

種什麼樣的因，就會得什麼樣的果。父母為了孩子盡心盡力，操持孩子的一切只是為了讓孩子心無旁騖地往前衝，說到底也是為了孩子未來能夠有養活自己的能力，但就像小凱父母這樣什麼都不讓小凱做，反倒是剝奪了他學習生活的能力，最終自然就會養育出一個「媽寶」。

其實，在這件事上是不分男女的，養育女兒讓她十指不沾陽春水，她也不能過公主的生活，畢竟未來的社會不會所有人都去包容她。你不教育，社會就會替你教育；你不讓他經受挫折，社會就會加倍地給他挫折！

孩子的未來並不取決於他的成績，而是與他的生活能力和人際交往、性格等有密切的關係，父母過多干涉，就會讓孩子缺乏自主性和創造力，遇事逃避責任，沒有主見。這是你理想中孩子該有的樣子嗎？愛孩子不該害孩子，父母要把心態擺正，做孩子堅強的後盾，而不是站在他面前掃除一切障礙。

說來可怕，孩子的習慣容易改變，成人的習慣不容易改變，因此在孩子成長的過程中，如果你已經有了「媽寶」老母親的苗頭，就要適時停止了，否則孩子未來就會難以承擔重任，只知道依賴身邊其他人。

沒有人願意自己的孩子過度依賴，離開自己什麼都做不了，所以自省一下吧！如果你總是杞人憂天，覺得孩子會遇到各種問題而過度保護，或是總覺得孩子應付不來身邊的事，所以總是幫孩子處理各種事，又或者你覺得孩子思想不成熟會做錯誤決定，而喜歡替他做決定，那麼你就應該要注意了，這些都是過度養育的表現，要趕緊端正自己的態度。

沒有哪個孩子可以一夜間成人，都需要一個循序漸進的過程，媽媽不能想著幫他幫到自己不能幫的那一天，到時候就晚了。學會放手，不要焦慮孩子的未來，兒孫自有兒孫福，跟著他走而不是領著他走，你的孩子才能漸漸成為可以獨當一面的人，才能成為一個快樂而自信的人。

實際上孩子的接受能力遠超你的想像，在他不知愁滋味的時候經受一些挫折，那麼孩子可能就開開心心地找到了應對的方法。如果你先擋住了，告訴他這種未知的困難很可怕，那麼未來他也不可能具備應對問題的能力，真到了你沒有能力幫他的時候，你還能做些什麼呢？

更糟糕的是，這樣養育出來的孩子往往最後不僅不懂事，還會把問題歸結到父母身上，你含辛茹苦最後卻收穫了孩子的恨，何苦來呢？

根據美國一所大學的統計資料，過度養育環境下長大的孩子，基本都對家庭生活不滿意，成立了自己的家庭也是一樣，總是悲觀，而且容易患抑鬱症。因為他們沒有主見，也沒有應對問題的能力，所以當生活和工作的壓力襲來時，他們除了茫然不知所措外沒有任何辦法。

只有在還來得及的時候及時脫身，從「保姆」的身分中及時脫離出來，才能把孩子的成長還給他。即便孩子可能受傷，但也能從過程中獲得經驗，這樣未來才能獨立面對這個快節奏的時代。

如果你真的愛孩子，那麼讓他學會獨立就是你必須邁出的第一步，要淡然看待孩子跌跌撞撞的成長。

像印度詩人泰戈爾說的那樣，讓你的愛，像陽光一樣包圍著孩子，卻也給他光輝燦爛的自由。

給媽媽的心裡話

孩子的自主性立刻還給他

TIP 1 把自主性還給孩子

有人說，幸福的童年影響孩子的一生，而經歷了不幸童年的人會用一生去治癒自己。如果讓你給自己的童年加上一個標籤，你會用什麼詞彙呢？每個人的童年都會有幸福和不幸，都會有快樂或痛苦，如果你的標籤中有一個是自由，那麼你一定擁有一個快樂的童年。

父母總是以愛之名約束孩子的自由，覺得現在的孩子不能太自由，否則無法面對未來激烈的競爭。但事實上過度的壓迫才是孩子無法面對未來的原罪。因此，只有把孩子的自由還給他，孩子才能順應天性地發展。

TIP 2 每個孩子都是獨一無二

就像歌手張國榮唱的那樣：「我就是我，是顏色不一樣的煙火。」每個人都有自己的興趣愛好和思維方式，即便是自己的孩子，也會有跟家長存在觀念不一致的時候。

每朵花都有自己的美麗和獨特的味道，父母不該強求，要把本屬於孩子的人生還給他，這樣孩子才能對自己的未來有規劃，才能有明確奮鬥的目標並自主奮鬥。

想要孩子出類拔萃也好，想要孩子童年幸福也好，都要先讓孩子認識到自己有權對自己的人生負責，有權選擇自己想要的人生。這樣你的孩子才能將自己的獨一無二展示得淋漓盡致。

順應孩子的天性去發展，你的焦躁是你的，不要用愛的名義束縛孩子。帶著孩子多接觸各種各樣的環境，讓孩子的視野更開闊，這樣不僅能緩解你的壓力，也可以緩解孩子的壓力。把孩子的自由和自主還給他，孩子才能在天空中自由翱翔。

媽媽的心情筆記

Chapter 07

放下過高的期待 學習「慢養」

希望孩子好 不等於爲孩子好

我希望我的孩子未來可以一路坦途！

我這是爲了孩子未來可以一路坦途！

這2句話都為孩子的未來著想，聽起來卻不一樣。希望是一種想法，而「為了」則體現出了一種行動。對孩子有所期待無可厚非，但如果你是一個理性的家長，就該知道這種期待應該成為一個想法存在自己的腦子裡，而不是成為一種行為直接插手孩子的人生。

希望孩子好是一種美好的願景和期待，而為孩子好則更像是一種參與其中的理由和藉口。或許你覺得「愛」和「控制」2個詞沒有關聯，但實際上有多少父母是以愛為枷鎖控制著孩子的人生呢？這樣的父母往往覺得自己給出了愛，卻不知道實際上給出的是密不透風的壓力，讓孩子的成長也變得畏首畏尾。

拉拉最矛盾的事情就是和媽媽上街，雖然她剛剛上小學，但已經有了不小的煩惱。比如媽媽要帶她去買零食，她很開心，可媽媽永遠嘴裡說著「想吃哪個就拿」，手上卻做著完全相反的事情。

拉拉想吃巧克力餅乾，有一款餅乾看起來中間夾了彩色棉花糖，媽媽卻拿起另一款餅乾說：「都是巧克力味道的，我們吃這個吧！那個就是哄你們小孩的，有色素不健康，這個還是進口的知名品牌，吃這個對你好。」

拉拉悶悶不樂地拿著媽媽挑選的餅乾繼續往前走，越到後來拉拉越煩躁，說是自己隨便拿，到了最後成了媽媽隨便拿了，於是乾脆什麼都不說了。

買衣服也是一樣，媽媽挑選了2條裙子讓拉拉二選一，但這2條都不是她喜歡的，她更喜歡另一款白裙子，但媽媽一直說那條裙子不耐髒，不如自己挑的2款實用有氣質，拉拉實在是生氣極了，於是乾脆說自己不要了。

媽媽看拉拉不開心了，於是妥協了。可拉拉還沒來得及得意，媽媽就一邊抱怨女兒不懂媽媽的用心良苦，一邊付帳去了，這讓拉拉既委屈又內疚，再看那條白裙子也覺得充滿了不好的回憶，甚至有些不想穿了。

拉拉媽媽看上去是讓孩子表達了自己的想法，但無形之中還是在左右著孩子，父母如果連孩子生活上的小事都要干涉的話，那麼在孩子的未來這一方面恐怕更是抓住不放手了。

不可否認，媽媽比孩子有更加豐富的人生經驗，可能有些媽媽覺得自己在一些方面試過錯了，那麼就可以幫助孩子避開這些失敗和挫折，不過媽媽卻忽略了一個前提，就是孩子想要走的和自己曾經走過的並不是同一條路。成人應該明白，經驗是人生最為寶貴的財富，既然如此，又怎麼能夠剝奪孩子獲得這些鍛鍊自己的好機會呢？

想讓孩子好，就要給他真正的民主，不要打著為他好的幌子控制孩子。如果孩子跟你表達自己的觀點，即便和你期待的結果有所出入，也應該真正尊重孩子的意願。不管你為他勾畫的未來如何，都不如孩子腦海中的星辰大海更美。

不過，有些媽媽也認為要是對孩子放任自流，什麼都順應孩子自己發展，很有可能讓孩子誤入歧途，因此有些是必須干預的！這種想法也沒錯，不過尺度就很重要了，如果你不知道具體應該怎樣做，可以從以下幾方面入手。

一、讓孩子有足夠的探索空間

每個孩子接觸的世界並不大，但是他們的小腦袋瓜中有豐富的想像力，這也代表了有無限種可能性，在感興趣和喜歡的事情上，他們非常願意進行探索和各種嘗試。

作為家長，你可以做的就是在一旁觀察，如果孩子對一件事表現出非常濃厚的興趣，那麼你可以先觀察這件事物是否有潛在的危險，在保證孩子安全的基礎上，給予孩子足夠的支持。

二、某些規則可適當讓步

很多家長在孩子剛出生時可能就想好了怎麼教育孩子，在孩子成長的過程中會制訂一些規則，而且要求孩子必須遵守。其實在某些規則上，家長可以適當給予一定的彈性空間。

比如說孩子日常上學的時候要早起，那麼在週末或節日的時候，家長就可以適當根據孩子的需求允許他延後起床的時間。畢竟時代不一樣了，現在的孩子平時學業繁重，適當放鬆休息是非常有必要的。如果家長在某些方面偶爾有一些讓步，那麼你所制訂的規則孩子也更容易接受並堅持。

三、把握好「幫助」的尺度

當孩子需要幫助的時候，家長要把握好尺度。比如說要在不傷害孩子自尊心的前提下使用適當的語言，最基本的就是不要用命令式的語氣說話，也不要否認孩子的做法毫無意義，更不要用貶低的語言和行為，否則孩子會失去自信，越來越膽小，越來越自卑。

不要讓你的想像限制了孩子的未來，他的未來可以遠超你的想像，前提是你不去控制以及過多地干涉，更不要時刻關注孩子，時刻告訴孩子他是你的希望。只有扔掉了名為「愛」實為過度壓力的包袱，孩子才能真正做到輕裝上陣，勇往直前！

參加選秀 在媽媽圈悄然流行？

前一陣子有則「兒童模特」的新聞引起注意，一個5歲左右的小女孩因為長時間的拍攝而無法集中精神，沒有擺出攝影師要求的姿勢，被自己的親生母親一腳踢倒在地。新聞一出震驚了很多人，很多人無法理解，孩子這小小年紀不無憂無慮地快樂玩耍，怎麼就開始濃妝豔抹地工作，成為父母賺錢的工具了呢？

有的媽媽可能理解這種行為，在這些媽媽眼裡，孩子賺錢不是為自己，是為了他們的未來，可以早早地給他們鋪好路，這是為了孩子著想。確實，有些明星演員是從童星成長起來的，但有更多的童星沒能順利走到轉型，之所以沒有看到這些事例，是因為這部分人已經被人們所遺忘了。

作家張愛玲說「出名要趁早」，很多媽媽在孩子本該天真爛漫的年紀，就帶著孩子參加各種「選秀」，讓懵懵懂懂的孩子過早地接觸這個世界，企圖讓孩子早點「懂事」，在普通孩子剛剛懂事的時候就已經走得很遠。但願望如此美好，現實會真的如你所願嗎？

孩子純潔得就像是一張白紙，世界給他展現了什麼色彩，他就會是什麼色彩。過早地把孩子帶入成人的世界，就像水果「催熟」一樣，並不是一件值得驕傲的事情。孩子如果在本該天真爛漫的年齡顯得圓滑世故，任何一個負責任的父母都不會覺得這是值得驕傲的事情。

孩子的學習和模仿能力超出成人的想像，同時他們心智又不成熟，沒有足夠的認知能力去理解成人世界的喧囂和複雜，可能他們表面上很「懂事」，但實際上只是模仿了成人的行為。在世界觀、人生觀正在發展的時候，如果過早地接觸了片面的資訊，孩子的心理很難發展健全，因此很多被家長推到閃光燈下的孩子迷失了。

曾經紅極一時的電影《小鬼當家》主角麥考利．克金（Macaulay Culkin）就是如此，當時全球影迷都被這個小機靈鬼俘獲了，但是之後他的父母並沒有讓麥考利回歸現實生活，而是讓他趁著熱度一直在娛樂圈「撈金」，最終的結果是麥考利在成人之後事業受挫，陷入了毒品的漩渦。

麥考利的父母肯定沒有想過孩子曾經那麼優秀，最終卻落得如此結局。也許一開始父母也沒有想要孩子怎樣，但紙醉金迷的世界連成人都容易迷失，更何況是心智不成熟的孩子？

事實上，媽媽在這個資訊爆炸的浮躁社會應該盡可能地讓孩子「緩慢生長」，而不是把孩子帶入歧途。有些媽媽可能覺得這種說法有些誇張，至於嗎？帶孩子選秀不過是為了培養孩子的性格和氣質，並不代表要孩子給自己賺錢。但本意往往不一定能夠和現實相符。為了避免孩子產生錯誤的世界觀和價值觀，父母要放下過高的期待以及望子成龍、望女成鳳的焦躁，學習「慢養」。

不要光看那些早早成名而星途順暢的孩子，你也可以看看那些「慢養」的孩子。很多文人都是這樣的，比如洪晃（中國文化界名人，出版多本著作），又比如冰心（民初的作家及詩人）。

這些人的共同特點是小時候從來沒有被家長逼迫學習過什麼東西或者說要成為什麼樣的人，雖然她們都家世了得，但從來沒有因為父母的光環而過早地接觸成人世界，沒有經歷父母的刻意栽培，一直在一個足夠寬容以及自由的環境中生長，她們最後也都成材了。

小明最討厭媽媽的一句話就是「我兒子是最帥的」，因為這句話成了禁錮他的枷鎖。媽媽總想培養他唱歌跳舞，未來成為偶像藝人。曾經他也很享受這個過程，在其他小朋友埋頭學英語的時候，自己就四處參加活動，穿好看的衣服，被許多人誇讚，但是漸漸地他發現其他小朋友的生活更有趣一些，雖然平時學習很累，

但是有和朋友玩的機會，而自己不是在工作就是在去工作的路上。

稍微有了一點名氣之後，小明開始在媽媽的安排下接拍廣告，現場全是忙碌的大人，沒有一個自己的同齡人，在某些要求他哭但哭不出來的時候，媽媽就會用些「手段」讓他哭，比如批評他、呵斥他。所有人都在誇小明上鏡，只有小明不開心。

到了學校和同學也沒有太多共同語言，媽媽卻總說他已經邁出成功的第一步了。小明不明白，成功難道就意味著不開心嗎？

養育孩子就像是栽培植物，每個孩子都有自己的「花期」，這個過程並不是一蹴可幾，可以透過揠苗助長的方式進行的。孩子的生理和心理處於一個成長階段，比較不穩定，真心期待孩子未來能夠獲得成功的話，就要在這個過程中協助孩子挖掘自身的價值，而不是想當然地為他們選擇一條滿足自己的道路。

畢竟孩子未來的成功不能僅憑名氣和物質來衡量，沒有媽媽不愛自己的孩子，但既然愛他，就要尊重他的成長規律。不要急功近利，耐下心來跟隨孩子的腳步一起成長，陪他找到他想要得到的東西。

媽媽先慢下來，孩子才能不焦躁，別過早暴露出自己對孩子未來的「野心」，孩子才能耐得住成長的苦和寂寞。給他們一個輕鬆愉快的成長環境，孩子才能在學業繁重的壓力下有一個放鬆之處。用平常心和耐心澆灌孩子，孩子未來才能開出健康而美麗的花！

被媽媽逼廢的孩子 心裡有話想說

小雨有個緊箍咒，有時候這個緊箍咒連在夢裡都會箍緊他的腦袋，讓他透不過氣來。在小雨的印象中，他對於媽媽有記憶的第一句話是：「小雨，你要努力，你是媽媽唯一的希望！」這讓小雨從小想玩的時候不敢玩，生怕對不起媽媽的殷切期待。

在其他小朋友肆意玩樂的時候，小雨都在埋頭學習。那時的小雨成績確實非常優秀，成了其他媽媽眼中的「媽朋兒」（韓文流行語，意指條件優秀的「媽媽朋友的兒子」），又好學又懂事，但其中的艱辛只有小雨自己知道。

小雨的家庭條件一般，媽媽為了培養小雨，投入了大量的時間、精力以及金錢，報了很多才藝班。小雨雖然喜歡美術，但是當把所有的時間用在美術班上時，他漸漸有些反感了。再加上各種各樣的比賽，讓他壓力越發大了。對於媽媽來說，炫耀他的成績只是輕飄飄的一句話，但是為了這句話，小雨付出了太多太多。

隨著學業的繁重，小雨不堪重負，漸漸地，他很難保持優異成績了。第1次考試成績下滑時媽媽發了很大的火，小雨感到又難過又委屈，遭遇挫折自己本來就很痛苦，卻還要面對媽媽的怒火。

慢慢地，小雨的成績，從前幾名下滑到了中游，其實成績也還算可以，不過在媽媽眼裡小雨已經「墮落」了，甚至在氣頭上還批評小雨：「你一點苦都吃不了！原來那麼好的成績是不是驕傲了？你再這樣就只能一直在中游了！」

媽媽的這種否定說多了，小雨開始覺得自己是沒有天分只有努力的人，既然這麼拚還追不上其他同學，那可能自己就只能是這樣的成績了吧？

孩子在成長階段情緒不但波動較大而且比較脆弱，媽媽應注意疏導。在家庭教育中，學習成績只是一方面，更重要的一方面是對孩子性格和「三觀」的培養。如果爸媽對孩子期待過高，覺得孩子是最優秀的，一開始就把孩子放在一個很高的位置，這容易導致孩子壓力大、情緒崩潰。

其實小雨的媽媽只是眾多家長中的一個代表，很多媽媽都有這樣錯誤的認識，覺得孩子的明天在於教育，只要嚴格要求，那麼孩子就一定能夠達到自己的期待，因此不惜付出大量的金錢、時間和精力，把孩子送入名校，希望孩子能夠擁有大好前途。

孩子光學習成績優秀還不夠，還要有各種各樣的專長。在這個漫長的培養過程中，很多家長忘記了孩子本身，把所有的關注都放在了孩子的「成就」上。

孩子的成績優秀，就表揚炫耀；孩子一次失利，就批評指責。要求孩子將有限的時間和精力放在學習上，忽略娛樂和社交……

在這種環境下成長起來的孩子，可能會像小雨那樣無法保持成績，並且成人之後可能還會面臨另一個問題——除了專業拔尖，自理能力以及人際交往能力為零，甚至內心脆弱、情感缺失……這樣的孩子能說他的成長是健康的嗎？

因此，家長要做的遠比孩子要做的多，作為家長要改正錯誤的教育思維，讓孩子知道該學習的時候學習，該休息的時候休息，娛樂也是生活的一部分。更要讓孩子知道他未來的成功不是一項成績就可以說明的，綜合能力包括方方面面。

孩子不是媽媽的敵人，總是覺得自己的孩子還不夠努力、你的一切都是為他好等，只會把孩子推到對立面上。媽媽要成為孩子的朋友，不要成為孩子頭上的陰影。學習成績固然重要，但社交能力、抗壓能力、創造力就不重要了嗎？很多東西都不是書本以及才藝班上能夠學習到的。

讓孩子多去感受生活，多去認識世界，才有可能讓他未來能夠達到你的期待。舉例來說，有些媽媽擔心孩子和朋友玩會耽誤學習，受到不良影響，但實際上和同齡人一起玩能夠培養孩子的協作能力和社交能力。

孩子的學習能力非常強，在與他人的交往中會感受到哪些行為受歡迎，哪些行為不受歡迎；哪些時候需要分工合作，哪些時候需要堅持原則。這些都是你無法通過高壓管制達成的。

不要因為擔心孩子貪玩而剝奪了他玩耍的權利，壓制孩子的天性。只有對孩子抱有合理的期待，在尊重孩子的前提下盡可能地寓教於樂，帶領孩子感受學習的樂趣，引導孩子找到未來的目標，才能讓孩子擁有健康的人格、積極的心態以及高水準的情商。

讓孩子學習 是爲了有更多選擇權

孩子，我要求你讀書用功，不是因爲我要你跟別人比成績，而是因爲，我希望你將來擁有選擇的權利，選擇有意義、有時間的工作，而不是被迫謀生。

這是作家龍應台寫給他的兒子安德烈的一段話。在現在這個鼓吹讀書無用論的時代，這段話對我們多多少少有些啟發意義。

現在很多父母都十分感慨，認為孩子讀大學沒太大用處，付出與收穫不成正比，花3、40萬元去讀4年大學，畢業後每月只能拿2萬多元的薪水。然而，學習並不是為了高分，也不是為了高薪工作，而是為了讓一個人擁有更多的選擇權。

小陳和小朱是好朋友，小朱初二就輟學在家，如今已經有了一份穩定的工作，也早早地結了婚，在一個小城鎮過上了朝九晚五的日子，而小陳還在用著父母的錢上大學。周圍的人都覺得，小朱的選擇是對的，因為他現在過著衣食無憂的生活，十分幸福。小陳有時就很懷疑，到底是不是自己錯了？

後來，小陳畢業了，在一線城市有了一份不錯的工作。小陳很羨慕那些浪跡天涯的背包客，覺得他們的生活方式好酷。有一次，他和幾個朋友去爬黃山放鬆。黃山風景格外好，人煙稀少，空氣清新。他們碰到了一家客棧的老闆，是一位20多歲的小夥子，已經在那裡待了好幾年，過著世外桃源般的生活。

小陳覺得這個老闆過著好多人想要的生活，十分寧靜和自由。他問這位老闆：「能過上像這樣令人羨慕的隱居生活，是不是打算在這裡一直幹下去？」老闆卻回：「不是，我還想奮鬥去大城市生活呢。」他說，羨慕像小陳這樣朝九晚五工作學習的人。

小陳很驚訝地說：「你知不知道，有很多人羨慕你這種生活？」

老闆說：「當然知道，每一位來我客棧的人都會這麼說。但是你們不知道，其實我很羨慕你們。因為，你們有文化、有能力，可以選擇在這裡生活，也可以選擇在熱鬧的大城市生活，你羨慕我的生活，只是因為你沒有這樣選擇。而我，是連這樣的選擇權都沒有。」

在小陳一行人離開的時候，客棧老闆對他們說：「如果有機會，我也想繼續讀書考大學，去大城市工作，也許我會適應不了大城市的快節奏，最終還是會回到這裡，但是，至少我這輩子能多一些選擇。」

聽到這些話，小陳終於感到釋然了。他明白了自己與小朱相比，擁有更多的選擇權。他可以像現在這樣，選擇在大城市工作，也可以選擇像小朱那樣，陪在父母身邊。而這對小朱而言，是命題作文，不是選擇題。

絕望先生當年以高分成績考入一所名校，但大學畢業那年，因幾門成績不及格，未能獲得學位證書。在這種情況下，他想找個工作十分困難，每次對方問他學歷，他就支支吾吾，沒有一點底氣。

絕望先生四處碰壁，十分沮喪，他感到很後悔，後悔當初沒有選擇自己喜歡的文學，而是選擇了大家認為不錯的理工科，被迫學習並不擅長的數理化，大學生活對於他而言就是受虐。

上大學前成績優異、富有才情的他被大家稱為才子，如今竟淪落到生活朝不保夕，被社會拋棄。

絕望的他給自己取了「絕望先生」的遊戲網名，決定沉淪在虛擬世界裡做幻想中的英雄。由於絕望先生整日沉迷遊戲，放棄了找工作的計畫，勸他無數次的女友也失望了，決定跟他說再見。無業加上失戀，絕望先生可算是絕望到了頂點。

女朋友的離去對他打擊很大，他開始嘗試改變自己，重新考取大學，這次他選擇了自己喜歡的文科。他發現自己在大學裡如魚得水，不僅僅是因為讀了自己喜歡的學科，更是因為他比其他文科生有著更縝密的邏輯思維，和更獨特的看問題角度。而這一切，都得益於理科學習對他潛移默化的影響。

小提琴演奏家俞麗拿是一位傳奇人物，1940年生於上海，幼年時期就喜歡鋼琴，也一直學習彈鋼琴。

在艱苦地學習了多年的鋼琴後，她決定報考上海音樂學院，但是音樂學院的老師卻建議她改學小提琴，因為她的手指比較纖細，比起鋼琴，小提琴更適合她。當時，俞麗拿的內心很掙扎，她不知道自己是不是應該放棄這麼多年學習的鋼琴。

後來，她還是聽從老師的建議，下定決心學習小提琴。但當時小提琴作為一種西洋樂器，並不像鋼琴這麼普及，中國人對它還十分陌生。每次演出，聲樂系同學唱完後都會獲得觀眾的熱情掌聲，而俞麗拿拉完小提琴曲目，觀眾似乎因為距離感而沒有什麼反應。這時候的俞麗拿感受到了強烈的挫敗感，但是她並沒有放棄，而是選擇了繼續踏實用功地練習。

1958年冬天，俞麗拿和作曲系幾位同學一起編創了一曲《梁祝》，並以此作為上海音樂學院向中華人民共和國成立10週年的獻禮。這首《梁祝》在上海蘭心大戲院首演後，年僅18歲的俞麗拿憑藉她嫻熟的技巧和優秀的樂功，一夜之間紅遍了大江南北。

媽媽應該告訴孩子：只有擁有了更多的技能，你才能選擇更適合自己的方向；只有擁有了更大的平台，你才能在厭倦的朝九晚五裡，選擇去旅行。而要想得到這樣的多重選擇權，當下需要做出不懈的學習和努力。永遠沒有無用的學習，永遠也沒有白費的努力。

給媽媽的心裡話

目標要讓孩子踮起腳尖就摸得著

TIP 1 不要對孩子期待過高

孩子對這個世界最初的認知來源於家庭，來自於父母。望子成龍、望女成鳳的願望每個家長都有，誰都希望自己的孩子出類拔萃，但如果你對他的期待過高，表現得過於急迫，那麼你的孩子可能堅持不到夢想實現的那天就垮掉了。

當然，這並不是說對孩子抱有期待是錯的，只是首先你要確定自己的孩子有這方面的能力。你可以讓孩子接觸藝術，提升他的素質修養，但不能強迫孩子在這個領域裡站到拔尖，因爲藝術需要一定的天分。

另外，你可以幫孩子找到他的夢想，但想要走到夢想的彼岸，需要一個階段、一個階段地奮鬥，如果一開始就給他制訂了現階段難以企及的目標，那除了給孩子帶來挫敗感和自卑感之外毫無意義。目標應該是孩子能夠看得見、摸得著的。這樣在孩子達成了階段性的目標之後，

才能充滿信心和成就感，才能有勇氣邁向下一個目標。

TIP 2 調整期望值的天平

調整期望值的天平這件事媽媽們必須重視，可以從以下幾點進行調整：

第一，不要把目標設置得太高，適當降低期望值。期望值過高的話，如果孩子沒能達成，那麼家長很難坦然接受，此時孩子會感受到你的失落和失望，並影響信心。看待孩子的成長，應該有一個基準，比如這次的成績不符合你的期待，但比上一次進步了，那麼就應該開心，要肯定孩子的進步，鼓勵孩子加油，這樣孩子才有繼續努力的動力。

設置合理的階段性目標，這樣孩子比較容易結合實際找到方向努力，更容易達成你的期待。

第二，給孩子一個合理的定位也是家長必須做到的，不要以別家孩子的成績來評判自己的孩子，要讓他體會到過程的重要性，感受到進步的快樂，這樣才能讓他有明晰的方向，在過程中感受到成功的喜悅。

沒必要把第 1 名作爲孩子的階段性目標，如果你的孩子成績在第 10 名，那麼你可以在孩子獲得第 5 名的時候給予獎勵，幫孩子減壓，讓他自己找到奮鬥的動力和自主性。

第三，不要把自己的壓力轉嫁到孩子的身上。有些家長比較喜歡「邀功」，把單純的事情變得複雜，比如喜歡說：「爸爸媽媽努力賺錢都是爲了讓你有更優越的條件好好學習，你要對得起爸爸媽媽的付出啊！」這話看上去是爲了刺激孩子，讓孩子更加懂得努力，但實際上這會傳遞一種負面情緒，讓孩子產生自卑感和內疚感，無法做到心無旁騖地前進。

Chapter 08

再氣再急 也別實施棍棒教育

孩子不打 就不會成材？

中國傳統教育中有一句話叫「棍棒底下出孝子」，而且很多家長都奉行這樣的教育理念。類似的話語還有很多，比如「3天不打，上房揭瓦」，這無一不是在告訴家長要孩子成材不犯錯，就一定要使用暴力。

雖說很多人才是在這樣的教育方式下長大，但並沒有直接證據證明他們的成材全憑父母的棍棒教育。時代在改變，教育理念也在不斷升級，時至今日，很多家長都知道這種教育的不可取，但大部分家長並未完全摒棄這種方式，畢竟自己也是在父母的這種教育方法中成長到今天。

可是，社會進步到了今天，是否應該反思一下，這樣的教育是否真的有必要？是否該用更好的教育方式替代棍棒教育？很多媽媽不是真有暴力傾向，甚至有時候打完孩子後媽媽就先哭了，一來是因為生氣動了手，二來也是因為心疼孩子而感到愧疚。更何況，有越來越多證據表明棍棒教育的弊端遠遠大於其正面效果。

近年來青少年自殺比例不斷上升，其中很大一部分原因是親子矛盾。據報導，一名初中生在母親打罵過他之後，就直接躍下了陸橋，當場身亡！

這些血淋淋的案例應該引起父母們的反思了，成長階段的孩子情緒自控能力差，很容易衝動，他們衝動的時候，往往無法考慮到事情的後果，而媽媽如果只是簡單粗暴地使用打罵教育就非常容易激發孩子的衝動，進而造成不可挽回的可怕後果。

中國青少年研究中心曾經進行過未成年人犯罪調查，發現其中很多未成年人都經受過棍棒教育，雖然不能說他們的問題都是棍棒教育造成的，但這種粗暴的教育方式一定影響了孩子，加劇了不良行為的產生。都說父母是孩子的第一個老師，父母的行為會直接影響孩子，棍棒教育會讓孩子相信暴力可以解決問題，在日後遇事也可能會選擇訴諸暴力。

究其根源，之所以會有棍棒教育一說，是因為無知的家長認為可以透過暴力起到威懾的作用，孩子出於恐

懼而不敢造次。這只是家長的想法，確實，孩子可能因為害怕打罵而暫時克服不正確的行為，但這只是治標不治本，孩子並不一定會真正認識到自己的錯誤，而且容易為了躲避打罵而選擇說謊。

脾氣暴躁的孩子接受這種不良影響後，有可能脾氣更加暴躁，甚至有暴力傾向，而性格怯懦的孩子在這樣的教育環境下會變得畏首畏尾、逆來順受。

作為媽媽，首先要糾正自己奉行的「孩子不打不成材」的錯誤教育理念，調整自己的情緒。在孩子犯錯的時候，告訴自己不要跟著脾氣走，先數10個數，讓自己冷靜一些，按捺住自己的情緒，找回理智。

小華的媽媽就曾是一個暴脾氣，但她深知棍棒教育不能解決問題，而且孩子的自尊心比較強，所以在小華犯錯的時候，她在教育小華之前會先反省自己。

有一次小華不聽老師的話翹課了，小華媽媽在接到老師電話的瞬間火氣就上來了，她知道小華肯定是偷偷回家玩遊戲了，所以她沒有馬上回家，而是先平靜情緒，在想好要怎麼做之後才回家。小華看到媽媽回家後嚇壞了，但媽媽照常讓小華做完作業之後吃飯，等他吃完飯後再找他溝通：「媽媽今天接到了你們老師的電話，說你翹課了，為什麼？」

小華見媽媽知道自己逃了學，馬上承認了錯誤，小華的媽媽心平氣和地跟小華講道理，讓他認識到自己的錯誤，小華再也沒有逃過學。

孩子遠比家長想得聰明，他知道自己做的事情是對是錯，但如果家長直接使用暴力，那麼孩子做錯事的愧疚會煙消雲散，轉成對你的憤怒。因此家長要學會控制自己的情緒，學會跟孩子溝通，畢竟教育孩子的目的是讓他知道對與錯，而不是樹立作為家長的絕對威嚴。放下暴力，孩子才會看到你的苦心。

噴火龍媽媽 到底多麼可怕！

洛洛的媽媽是一個職場女強人，在工作中說一不二，但她沒想到兒子和自己性格完全不像，做事磨磨蹭蹭，一點也不專心。於是在洛洛家的飯桌上永遠會出現相同的一幕——洛洛吃飯走神，媽媽批評他，洛洛像是沒聽見，然後媽媽發火吼他，洛洛大哭，哭得上氣不接下氣，有時候還會打嗝。

這樣的情況讓洛洛媽很是苦惱。在她看來，孩子如果能夠乖乖聽自己的話，自己也沒有必要發火，但兒子總是會把自己逼到發火那一步，然後誰都不愉快。但奇怪的是，洛洛似乎只在家裡有這樣的問題，在幼稚園的時候好像也沒有聽到老師說他不好好吃飯，這讓洛洛媽認定了兒子是跟自己作對。

有一次，洛洛又在飯桌上走神，洛洛媽憤怒地拍案而起，剛要發火，發現自己的兒子竟然把雙手擋在頭前，就像是一個防衛的動作，她一下子驚住了，沒想到自己在兒子的眼裡竟是那麼的恐怖！

隨著時代的不斷發展，生活節奏越來越快，很多媽媽不光有育兒的任務，還有社會責任，白天上班忙了一天，回家還要面對時刻可能犯錯的孩子，於是有些媽媽就直接把工作的那一套搬到了家裡，卻沒想過這種方式對孩子是一種傷害。

在職場上論對錯可能是最直接而有效的方法，但是對於孩子而言就不是這樣了。畢竟小孩子對於是非對錯並沒有一個特別明確的認知，如果你直接原地爆發，孩子並不知道自己錯在了哪裡，而且會因為恐懼對你產生排斥，與你漸漸產生距離感，當你發現孩子離你很遠的時候，再想要溝通就不那麼容易了。

很多家長覺得不能讓孩子做溫室的花朵，但在花朵還是一朵花骨朵的時候，應該精心呵護。孩子的內心就像是嬌弱的花，如果你奉行粗暴的教育方式，那麼這朵花可能還處於萌芽期就被扼殺了。

成長中的孩子需要的是探索這個世界，如果媽媽像一個噴火龍，孩子就會畏首畏尾，什麼都不敢輕易嘗試，因為不知道哪一步就觸了媽媽的雷區。

當然也有另一種可能，這種可能所帶來的結果更加可怕。

妞妞雖然是個女孩子，卻比男孩子脾氣還暴躁，剛上幼稚園就敢和媽媽對著吼了，在家裡稍有不順心就要摔玩具，在家不小心跌倒了也要憤怒地跺腳踩地面。每

當這種時候媽媽就會企圖壓制女兒的怒火，但是最後的結果往往是針尖對麥芒，一大一小吵起來，媽媽大嗓門講道理的時候妞妞就捂著耳朵尖叫。

有一次媽媽接到了幼稚園老師的電話，說妞妞搶小朋友的玩具，把小朋友的臉抓壞了。妞妞的媽媽生氣地當著老師的面打了妞妞的屁股，結果妞妞非但不認錯，還一邊大哭一邊喊：「討厭你！討厭你！」經過這個事情之後，其他的小朋友也不敢跟妞妞玩了，覺得她就是一個小霸王。

相信沒有哪位媽媽願意自己的孩子因為暴脾氣成為「校園一霸」，但很多孩子的暴脾氣其實是跟父母學來的。在妞妞媽媽看來，自己可以透過發火的方式讓妞妞服從，誰知妞妞耳濡目染，也想當然地認為當自己發火就可以達成目的，一來二去，就漸漸變成了暴脾氣寶寶。

小孩子無法分辨是非對錯，媽媽可以透過講道理的方式讓孩子明白，知道什麼該做什麼不該做。單純地對孩子發脾氣，尤其是突然而至的怒火會讓孩子變得不知所措，孩子恐懼之下也就完全聽不進去家長講的道理了。

教育不是為了樹立家長的權威，而是為了糾正孩子的錯誤行為，讓他健康地成長。如果你的孩子已經在你的影響之下有了暴脾氣的苗頭，那麼媽媽們就需要注意了。

首先，要從自身入手，如果你是一個暴脾氣的媽媽，那麼就要學會壓制自己的情緒，在爆發前先深呼吸，默默數數，壓制怒火讓理智回籠，這樣你自己就能想到更加合適的方法。

其次，要和自己的孩子一起約定，讓孩子監視自己發火的問題，這樣不僅有利於控制自己的情緒，也有利於加強親子關係。

情緒是我們內心世界的一個反光鏡，如果你是一個「噴火龍媽媽」，你內心的負面情緒肯定不少，雖然你覺得自己隱藏了負面情緒，但你的一言一行都會把這種情緒傳遞給內心敏感的孩子。只有家長能夠控制自己的情緒了，理智了，心態平和了，才能教會孩子以積極平和的態度去面對生活。

非暴力溝通 孩子才會用心感受

面對孩子的教育問題，媽媽們可謂想盡了辦法。其實對於很多媽媽而言，在教育孩子方面付出的時間和精力，往往要比爸爸多得多，因此很多媽媽生完孩子後，在職場上就有些力不從心了，好像一切都圍著孩子轉，尤其是那些曾經叱吒職場的媽媽們，很多都對這種極大的落差感到不適應。

因此，有些媽媽為了在教育孩子的同時找回自己的生活，會選擇一些對其而言直接有效的辦法，比如打罵，這種方式雖然簡單粗暴，看上去確實有效果，然而，如果這樣想就錯了，這種方式看似解決了當時的問題，造成的副作用卻很大！

小信的媽媽年近40歲才生下他，而他又是家中的獨子，因此父母對他寄予厚望，對他的要求也就嚴格了很多。小信的爸媽由於年紀較大，帶孩子的時候總覺得力不從心，面對小信的調皮搗蛋，什麼方法能讓他最快安靜下來，爸媽就會使用什麼方法，因此小信從小就習慣了爸媽的「恐嚇式」教育。

隨著小信的成長，簡單的恐嚇已經不起作用了，因此爸媽的行為也略有升級。小信的學習成績一直處在中游，升上4年級之後，功課有些跟不上，成績有些許下滑，這讓小信又是難過又是害怕。某次期中考試成績下來後，他覺得回家的路像是通往「地獄」的門，想到爸媽可能有的反應，他心跳加速、手心冒汗。

到家之後，媽媽看他垂頭喪氣的樣子，就開始盤問：「我剛剛看班級群裡你們老師說期中考試成績出來了，你考得怎麼樣？」小信低頭不語，磨蹭了半天才鼓足勇氣把試卷拿了出來。

媽媽看到試卷後就連珠炮地說道：「你看看你！都這麼大了，天天就知道玩，一點不自覺！你看我們家隔壁的小傑，跟你一個班，每次都是前3名！就你這點出息還總和人家一塊兒玩呢！你就不能學學人家？笨死了你！」

雖然早就習慣了媽媽這個模樣，她這次說出來的話還是讓小信很傷心，但是他不敢辯駁，只是默默地低著頭，這副沒有回應的樣子讓媽媽越說越氣，甚至用手指來回點小信的頭，那一刻，小信覺得自己所有的面子和自信都散落了一地。

對於有些家長而言，孩子做錯了事或者沒有達成目標，批評就是例行公事，不過有時自己情緒上來了，就難免越說越激動，最終就像小信的媽媽那樣忍不住動

手。但捫心自問，此時你的目的還是教育孩子嗎？還是在借機發洩自己的不滿？

教育孩子的目的是糾正他的一些行為，或者說改正其一些錯誤的想法，而不是讓他對你感到害怕、恐懼。要想從根本上解決問題，就必須讓孩子認識到這樣做為什麼是錯誤的，而不是單純地阻止孩子去做，否則他並不能從內心說服自己再不犯同類的錯誤。而且簡單粗暴的方式會直接切斷孩子與你溝通交流的欲望。

長此以往，等孩子到了叛逆期，大概就會發生無法打開孩子心門的尷尬情況，那時媽媽除了後悔也沒有其他辦法了。因此，在孩子有錯誤需要糾正的時候，媽媽們先要摒棄簡單粗暴的方法，穩定自己的情緒，然後動之以情、曉之以理地跟孩子講他哪裡做錯了，為什麼是錯的，採用這種勸服、引導的方式，往往也更加有效。

理智的教育方式不僅能夠糾正孩子的錯誤行為，還能讓孩子認識到錯誤的根源以及正確的做法，這樣才能從根本上教育孩子、解決問題，讓孩子能夠辨別是非對錯，明確努力方向，以健全的人格健康快樂地成長。

語言也是暴力 孩子會往心裡放

隨著時代的進步，很多媽媽已經意識到了粗暴教育方式的不可取，也決心不會對孩子使用暴力，讓自己童年時期的「悲劇」重演。但當脾氣上來的時候，卻又無法控制自己的情緒。為什麼？因為你跟孩子講道理，但孩子根本不聽你的道理！

確實，正如一句流行話所說：「再可愛的孩子也有忍不住想打他的時候！」孩子一哭鬧哪裡還會乖乖地聽你講道理？很多媽媽使用「暴力」其實是為了讓孩子平靜下來聽自己講話。

舉例來說，孩子哭鬧的時候，家長越大聲講話，他就哭得越厲害，這種時候家長就會透過「恐嚇」的方式讓孩子平靜下來，比如會說諸如「你再哭我就打你了啊」這樣的話。

很多媽媽對這句話不陌生，自己也說過，覺得這沒有什麼大不了的，自己也沒有真的想要打孩子，只是為了讓他平靜下來。但事實上，語言暴力也是一種暴力，就算你沒有當真，孩子卻會當真，就算這種方式一點也起不到切實的作用，但不管你出於什麼目的使用了暴力，都毀壞了你和孩子溝通的橋樑。

小磊是一個性格活潑的男孩子，從小就有很多人喜歡，上了幼稚園之後因為喜歡唱歌，還認識了好幾個志同道合的好朋友，大家平時在一起很開心，但也因為關係很近，有時候大家難免會有衝突和摩擦。

有一次，小磊和小鵬因為一點小事拌了幾句嘴，2個小男孩都為了維護自尊而不願認輸，於是越說越生氣，越吵越激烈，最後升級到了動手，小鵬流了鼻血，小磊嘴角也受了傷。老師拉開他們之後就通知了雙方家長。

雙方家長來的時候，2個小孩都臉紅脖子粗地站在那兒，結果小鵬的媽媽不分青紅皂白直接就衝小鵬吼道：「你這個小兔崽子，才多大就學會打架了！」說著還要上手打兒子。

小磊的媽媽和老師趕緊攔住了，2個孩子都哭了。小磊的媽媽沒有訓斥兒子，而是拉著小磊一起跟小鵬和小鵬的媽媽道了歉，然後二話沒說就把小磊帶回家。

到家之後，小磊的媽媽讓小磊先面壁思過，半個小時之後把小磊叫到了跟前，問道：「媽媽讓你面壁思過覺得委屈嗎？」小磊搖了搖頭，媽媽繼續問道：「你們2個誰先動的手？」小磊低下了頭。媽媽又問道：「你們因為什麼打架？」

「我們一起唱歌，我有一句唱跑音了，小鵬笑話我，我就笑話他老是忘詞，然後就越吵越厲害，最後我生氣就打了他。」小磊說著說著又哭了。

「你覺得丟了面子所以跟好朋友吵架，但就像你口是心非說小鵬一樣，小鵬笑話你是不是也是朋友間的玩笑呢？如果你覺得朋友比面子重要，那麼道歉就沒有什麼可丟人的，而且承認自己的錯誤是很勇敢的行為。」

媽媽說完之後小磊想了想，決定第2天跟好朋友道歉。隔天小磊向小鵬道歉之後，小鵬也向小磊承認了自己的錯誤，2個好朋友又和好如初了。

小孩子沒有明辨是非對錯的能力，因此媽媽需要對孩子加以引導，而這一切都是建立在溝通的基礎上，如果像小鵬的媽媽那樣上來就直接教訓，那麼孩子的自尊心會讓他更加嘴硬，不承認自己的錯誤。

自尊心不是成人才有的，小孩子的自尊心更應該保護，否則孩子不是變成了沒有自尊心的人，就是變成了拒絕承認錯誤的人，哪一種都不是家長教育孩子的目的。

與孩子相互理解，溝通才能順暢，俯下身來以孩子的視角去看問題，有時候就不會那麼著急生氣了。不要因為發脾氣而使用各種暴力，這樣反而會激起孩子的反抗意識。即便需要批評孩子，也不要當著大庭廣眾公開訓斥，這樣孩子才能用心聽，真正認識到自己的錯誤。

要知道，想傷害孩子的自尊心很簡單，但重建他的自信卻是一個無比困難而漫長的過程。

改變一下傳統的教育思維吧，不要為了自己的面子而捨棄了孩子的面子，最好的教育，就是拋開家長的身段，蹲下來正視孩子。

給媽媽的心裡話

可以給予懲戒 但不能過度

TIP 1 語言暴力不可取

「你這孩子怎麼這麼倔強！我說那麼多還不是爲你好，眞恨不得掐死你算了！」

當孩子面對自己的教導無動於衷，很多媽媽瞬間爆炸，非打卽罵，無意識中做出一些非理性行爲。老實說，媽媽都快被孩子折磨得心理完全失控了，怎麼能讓孩子聽話？假如世上眞有聽話藥，估計媽媽們一定不惜一切代價，立馬讓孩子服下。

然而，世上沒有聽話藥！

一位媽媽抱怨說：「我一直非常注意女兒的成長，特別是她的缺點，我會想方設法讓她改正。爲此，我天天說、月月說，眞是磨破了嘴、氣壞了肺。剛開始她還聽，慢慢地她就置若罔聞，繼續我行我素。現在，我實在想不出用什麼方法來管教她了！」

這位媽媽的苦惱，其實是孩子對反覆出現的某類刺

激所產生的一種習慣性傾向，心理反應變得遲鈍或弱化，這是目前很多父母都在遭遇的一件頭痛事。

那麼，爲什麼會出現這種情況？孩子有了過錯以後，很多父母批評孩子，並不是對事不對人，而是用簡單的否定，粗暴的訓斥、諷刺來對待孩子：「你眞是要笨死啊！……就你這樣的還能有什麼出息？……」

要知道，這類語言最傷孩子的自尊心，心理敏感的孩子會因此變得對任何事情都無所謂，甚至自暴自棄、不思進取。

TIP 2 不當懲罰 會影響孩子的成長

國外教育心理學專家透過多年調查得出結論：對孩子實施不當懲罰，只會影響孩子的成長。

孩子年幼時，看到父母發火，就會表現出緊張、焦慮的情緒，父母越是打罵，他們哭聲越大；進入青春期以後，他們的叛逆心理則會超出正常範圍，經常選擇不理智的舉動，以此來對抗父母的懲罰。

當問起這些孩子時，他們總會這樣回答：「我那麼做也是沒辦法。因爲我知道，如果我犯了錯誤，爸爸媽媽肯定不會輕饒我的。既然如此，我何不進行反抗呢？誰讓他們這麼對我！」

孩子的話相信媽媽們看了一定心驚肉跳。所以，面對孩子的錯誤，媽媽們還是儘量忘記「打罵」這件事吧。

教育，不是打罵這麼簡單，而是應該透過合理的手段，讓孩子認識到錯誤，主動加以改正。這樣，孩子不但會汲取經驗，當他下次犯錯時，也不會因爲怕父母責罰而恐懼和撒謊。

TIP 3 停止爆炸 解決問題

面對孩子的錯誤，希望媽媽們能停止爆炸，不要動不動就大聲斥罵，甚至打孩子，而是要找到適當的方法，給孩子適度的懲罰。以下給大家提幾點建議。

第一，媽媽要克制自己的怒氣：面對孩子的錯誤，媽媽首先要控制自己的憤怒情緒，先想想孩子爲何會出現這個錯誤，怎樣避免下次再犯。

第二，給孩子解釋的機會：媽媽應詢問孩子犯錯的

原因，借此了解孩子這樣做的目的，並且適時教育，糾正其偏差的觀念及行爲。

第三，預先和孩子定好處罰方式：比如，事前告訴孩子，一旦犯了什麼錯誤，就要減少零食的數量、少給零花錢、2天不能看電視等，讓孩子心裡有數，而不是提心吊膽地想：「不知道爸媽會怎麼懲罰我」。

第四，採用隔離式懲罰的方法：看到孩子做錯事，媽媽自然不會高興，想懲罰。但是，拳腳相加不是最好的方式。媽媽可以採取「暫時隔離」的處罰方式，在孩子犯錯時，讓他坐在角落的椅子上，以1歲1分鐘爲原則，思考一下自己的行爲。

需要注意的是，這種方法不是要家長把孩子囚禁。處罰的同時，要讓孩子明白自己做錯了什麼，如果孩子不明白自己爲何受罰，處罰就沒有意義了。同時，媽媽還要保持語氣平和，萬萬不可表現出威脅、暴躁的口吻。

第五，懲罰時別忘了正面引導：有的媽媽在懲罰孩子時，還不忘說「你眞不爭氣」、「沒出息的東西」此類的話，如此責備只能把孩子往歪路上推。懂得教育的媽媽應當在懲罰結束後，用肯定的語言，如「你是有出息的」、「肯定會爭氣」等，給予正確引導。

只有讓孩子意識到自己做錯了什麼事情，願意改變，他才能真正取得進步，並體會到媽媽的心，進一步融洽親子間的關係。

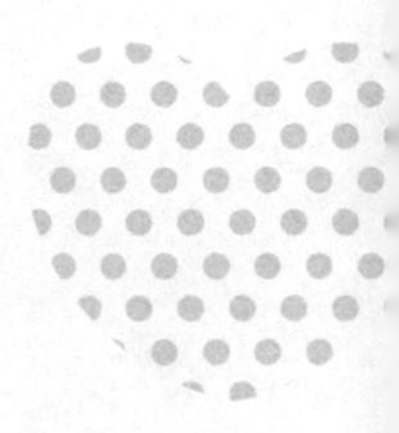

Chapter 09

建立同理心
用孩子的角度看世界

孩子眼中的世界 和你看得不一樣

雖然這個世界對於孩子來說還有一些陌生，但是孩子眼中的世界比大人看到的更精彩：

在小孩眼中白雲是棉花糖做的，有甜甜的味道；
玩具小熊是有生命的，植物是會說話的，
世界是用來探險的，沒有規則之分，
孩子的眼睛永遠是明亮清澈的……

孩子的世界最單純，因為他們有強烈的好奇心，永遠有問不完的問題，他們不僅會問：「1年為什麼會有4季」，還想了解「為什麼會下雨下雪」、「為什麼我們會長大」……孩子用明亮的眼睛和百般的熱忱去探索、去發現，體驗成長帶來的美妙感覺。

孩子的世界充滿希望和愛，沒有那麼多的煩惱。孩子的快樂永遠是簡單的，會因為一個小禮物手舞足蹈。一句誇獎，一個擁抱，都能讓孩子開心一整天。孩子的世界特別純粹，開心就笑，難過就哭，總是用真誠的心對待這個世界。

如果我們想要了解孩子眼中的世界，不妨將眼睛放到和孩子的眼睛同樣的高度，用心看看他們在看什麼。

有了孩子之後，我總是喜歡用照片或影片來記錄孩子在生活中的種種瞬間。美國著名《國家地理》雜誌曾專門為兒童創辦一場攝影比賽，那些孩子眼裡的世界，震撼到很多人。再小的孩子，也有自己對這個世界的看法。他們用自己獨特的童心去探索這個未知的世界，慢慢形成屬於自己的記憶和成長光影。

多站在孩子的角度看世界，也許會發現不一樣的風景。

曾看過一個故事，有位節目主持人在節目中設置了這樣一個情景，一架飛機滿載乘客，飛行途中沒油了，可是飛機上只有1個降落傘。主持人問參與節目的孩子想把這傘給誰用？孩子幾乎不假思索地回答：「給我自己用。」台下有觀眾在心裡想：這是多麼自私的孩子！主持人沒有急於評判，而是蹲下來用溫和的語氣問孩子為什麼，孩子滿臉淚水說道：「我要跳下去找到油，回來救所有人。」在場的所有人都被感動了。

孩子的世界是那麼簡單與純粹。

孩子眼中的世界是豐富多彩的。我們有時候會把孩子的天性當作缺點，把喜歡獨立思考的小孩定義為不合群；把喜歡發表意見的小孩定義為搗蛋鬼；把喜歡躲在角落裡做手工的小孩定義為孤傲；把喜歡說話的小孩定義為話癆。

我們常常抱怨孩子讓我們頭疼，總是覺得孩子做什麼事情都需要大人指導。

養孩子的過程中，很多父母深深地感受到：不是有心，就能做好父母。最重要的一點，自己沒有的東西，也幾乎給不了孩子，哪怕自己再有心。於是就很容易產生一個迴圈。

但是在孩子眼中，大人也有很多地方讓他們不解。

有一句話說：兒童對自己的觀念是發明而不是發現。孩子眼中看到的世界是美好的，他們對一切都好奇，期待探索和發現更多的事物。

為什麼說一個人童年的經歷，是構成一個人一生的底色呢？因為我們每個人來到這世上時，都是一張白紙。最初幾年生活的經歷、感受，毫無疑問在孩子的心理、情感世界中打上了烙印，使他們對這個世界有了最基本的感受。這種感受，往往不自覺地影響一個人一輩子。

在大人眼中一輛普通的汽車，在孩子眼中就是拯救世界的變形金剛；在大人眼中家是休息的地方，在孩子眼中卻成了他們的大大世界，是他們人生中第1個遊樂場；在大人眼中一個普通的玩偶，在孩子眼中卻是陪伴他們很久的好夥伴。

有時候我們需要站在孩子的角度去看世界，多一份寬容，多一份耐心，用足夠的愛和溫暖去理解他們眼中有趣的世界。古人說，不識廬山真面目，只緣身在此山中。想要真正了解一個人或一件事，不要僅僅站在一個角度去看待，否則就會永遠不識廬山真面目。

當我們站在孩子的角度，就會看到一個和成人完全不同的世界，就會發現孩子心中那個有趣的、純真的、充滿愛的世界。不要認為孩子太過幼稚天真，其實他們才是我們真正羨慕的人。

白天不懂夜的黑 媽媽不懂孩子的悲

去年夏日有一天我在等公車，偶遇一對趕公車的母女。一個小女孩和媽媽一起跑過來時，不小心摔了一跤，小女孩的膝蓋破了，紅紅的傷口上沾著汙泥。她僵著受傷的那條腿，敞開喉嚨放聲大哭，彷彿受了天大的傷害。

一旁的大人應該是她的媽媽，剛開始還在勸慰，可她哭得停不下來，媽媽不耐煩了，皺著眉頭喊：「行了！能不能別哭了，就是破了點皮，很快就好了，都是因為你，我們連公車都沒趕上。」

可是，無論是溫柔的勸慰，還是大聲的訓斥，都沒辦法讓小女孩停下哭泣。

可能，對於孩子的悲傷和擔憂，媽媽因為自己的原因沒能完全體會到。

世上的每一個人都是獨立的個體，這意味著，我們不可能完全體會到另一個人的感受，哪怕是自己的孩子。但是，就算不能完全體會，父母至少還可以給孩子理解和寬容，這些一樣能慰藉孩子的心靈。

孩子的感受，家長也許不懂，但一定要尊重。

不要因為他是孩子，就以為他的世界簡單到只有疼與不疼、聽話與不聽話、堅強與不堅強；不要因為他是孩子，就主觀臆斷他的感受，用大人的行為準則去評判他。

我們千萬不要在孩子痛苦的時候，再雪上加霜。我們可以不懂孩子的感受，但一定不要否定孩子的感受。因為孩子有他所處那個階段的煩惱和憂愁。

作家傅首爾曾在微博上分享了她小時候為了見自己媽媽一面喝洗潔精的經歷。她說，童年的大部分時間都在冷臉冷眼、輕視責罵，以及無限的期待與要求中度過，沒有感受過溫情，也不知道被人抱在懷裡沒事兒親一口是什麼感覺。長大後的她，和學霸、才子、搖滾青年都談過戀愛，但都無疾而終。因為她打心底裡，根本就不敢相信愛情：「我很難喜歡誰，即使喜歡了也喜歡被補償，更別提忘我地愛誰。」

被傷害過的她，心裡總有一個受傷哭泣的小孩，寧願假裝堅強，也不願意展露自己脆弱的地方。

其實每一個小孩，都需要父母的理解和關愛。

不管在童年，還是成年後，當一個人沒能得到足夠的關心和愛護時，他們的內心就會變得多愁善感，成為一個沒有安全感的人，也會讓自己變得情緒化。當自己的感受沒辦法被父母理解時，當事與願違時，孩子就會憤怒、悲傷、恐慌，甚至發展為抑鬱症、焦慮症……長大後，就會變得患得患失，特別容易焦慮。

有的媽媽會說，小孩子嘛，能有什麼煩惱。我們大人每天辛苦工作，為了家庭為了孩子，已經是身心疲憊，孩子只有「學習」這件事，能有什麼大不了的心事。

如果孩子把自己的心事、想法和媽媽分享，媽媽只是當成笑話在聽，那麼時間久了，孩子就會情緒化，變得脆弱敏感，喪失好的性格、好的關係、好的生活。因為，孩子的需求得不到滿足、情緒得不到釋放、價值觀得不到肯定，孩子的內心就會感到很悲傷。

而在童年時缺失的那份愛，長大後會以叛逆、冷漠、抗拒溝通等形式加倍地「償還」給生活。甚至也會破壞孩子將來和伴侶的親密關係，讓長大後的孩子缺乏安全感，愛得小心翼翼，害怕失去，經常用降低自尊討好來換取伴侶的關心，讓他們在工作中沒自信，總害怕做錯事，不敢拒絕，沒有自己的判斷和決策，在關鍵時刻「掉鏈子」。

所以家長的愛才是治癒孩子悲傷的最好良藥。只有孩子的悲傷和心情被看見、被療癒，孩子的內心才會真正成長，真正感到快樂。我們與孩子一起成長，才是對生活最深度的療癒。

孩子的世界雖然沒有那麼複雜，但是他們也會面對很多壓力，需要在我們愛的關懷下變得更加堅強，家長要為孩子搭好牢固的地基，讓他們能夠以更好的心態應對生活中的狂風暴雨。

我們需要用心地和孩子對話。

我們要走到孩子的內心中，給他們足夠的支持、關注和愛。這樣孩子長大後，自然會變成一個內心真正強大的人。

不要以上帝視角 看待孩子的事情

不管多小的孩子，都有自己的思想。雖然孩子的世界很小，但是小小的身軀也有他小小的思考，需要我們大人用心來傾聽他們的聲音。

有的孩子總是把自己的東西牢牢占據，很多大人會覺得孩子不懂分享，覺得孩子自私，其實孩子在很小的時候就開始有物權意識，也就是常說的「小氣」，只要是自己的東西，都不能被別人玩或者用。這並不是自私，而是物權意識的到來，小小的孩子也會用自己的努力維護自己喜歡的東西。

所以家長不能用自己的視角定義孩子。家長常常會犯一個錯誤，就是覺得自己的孩子一無是處，心想孩子肯定不會成功。有這樣想法的家長會不自覺地把注意力放到一件事上：成績。

如果只關注孩子眼下的成績而對孩子要求過高，孩子取得的成績也是短暫的、稍縱即逝的。那麼在快樂和成績之外，我們應該關注什麼呢？我們應該為孩子將來的發展和成功做準備，培育有發展潛力的孩子。

當家長把目標放長遠，對培育孩子就會有新的視角，就會把孩子培養成有韌性、有終生好學精神、有社交能力、高情商，並且具有創造力和創新力的人。

很多家長都在困惑一個問題，應該對孩子提出什麼樣的期許？如果我們把人生看作一場100公尺賽跑，我們會盡一切可能衝向終點，不顧一切。因為一旦摔倒、落後，我們就輸了，在這樣的競賽裡，我們經不起一丁點失敗。

但是我們的人生更像是一場馬拉松，需要把目標設定得更長遠。哪怕中途跌倒，只要有足夠的勇氣和耐心，爬起來繼續跑，也能夠早早地衝到終點。

也因為如此，我們真的不能用自己的視角，去看待孩子。

如果我們總是把好成績定義為成功，那麼孩子就會認為每一場考試、每一次活動、每一次競賽都會影響自己的一生，就會天天生活在這種緊張和焦慮之中；如果家長把「成功」定義成為好學生、考好的大學、將來有好的工作，那麼家長就會把孩子的成長過程，變成製作名校申請履歷表的過程。

每個孩子都不想辜負父母對自己的期望，都會為之付出巨大的努力。

家長都期望孩子能展現出他們的美好天性及優良品

質，重點不在於他們取得的外在成就，而在於期望他們作為一個人在內在素質各方面有很高的整體品質。

許多父母都沒有真正地去了解孩子，總是誤以為孩子有無限的潛力，所以就絞盡腦汁地琢磨怎樣才能讓孩子達到最高的成就，用孩子取得的成績與獎項去衡量孩子的發展。很多家長缺乏對孩子的正確理解和認識，用社會上統一的「成材標準」去要求孩子，結果不但不利於孩子成長，反而還可能會埋沒原本很聰明的孩子。

當家長不去定義孩子，孩子的狀態就會很放鬆，他們的快樂和創造力才會得到更大空間的釋放。用心關注孩子的內心感受，不給他們施加太多的壓力，這樣反而會激發孩子的內在動力，讓孩子取得更好的成就。

假如我們尊重孩子的生活方式，孩子反而會離我們更近。因為鼓勵會使孩子變得更加獨立，也更明白獨立自由需要自己去努力贏得。

如果過多地定義和控制孩子，孩子就會遠離你。不要把給孩子的愛當成是交換的條件，讓孩子覺得自己只有優秀了，才配得到父母的愛，家長要愛孩子這個人，而不是他們取得的成就，這才是家長給孩子最大的力量。

一個家長最大的成功，就是培養一個身心健康的成年人。

家長要做的應是：了解孩子的特點，理解他，創造適合他成長的環境。

給媽媽的心裡話

孩子不務正業 別急著打擊他

TIP 1 不要過早地給孩子設限

好多家長會煩惱自家孩子太過淘氣、貪玩、不務正業，怎樣才能讓孩子聽話，去做該做的事情呢？

其實不要過早地給孩子設限，用框架來規定孩子應該做什麼。孩子在每個階段的創造力不同，有時候大人眼中的「不務正業」，可能就是孩子獨特個性之所在。他們有的因爲自己的興趣一直堅持、深入探究，最終眞的「玩」出了名堂。

男孩鐘美美模仿老師的表演因爲太過精彩、相似，讓每一個看過影片的人都不由大呼：這個孩子好有趣！但是也有很多家長認爲這是在耽誤孩子學習，讓孩子不務正業。

可是我覺得鐘美美很好地利用了自己的天賦，而且他的背後有一位支持他的特別明智的媽媽。他的媽媽表示，只要鐘美美不影響學習，她絕對不會去干涉他的興趣，他可以盡情地去嘗試。

其實人生就是一個體驗的過程，這樣的媽媽才是眞正擁有遠見的媽媽。

TIP 2 孩子透過體驗去建構自我

很多家長爲了所謂的贏在起跑線，會很功利地替孩子選擇興趣，不考慮孩子的個性，而是根據學什麼有發展，就讓孩子去學什麼。其實有些孩子並不喜歡父母的安排，只能硬著頭皮去學，結果可想而知。

孩子是透過體驗去建構自我，我們的接納和允許能讓孩子安心，當孩子不用反覆向父母求證自己足夠好時，他們就可以專心體驗外部世界了。

對於孩子來說，可以盡情地體驗事物，便是自由。他們體驗了充分的自由後，會基於自己內心的需求做出選擇，收穫一份成熟，他們會帶著這份成熟，勇敢地去做自己，那樣孩子就能眞正地找到自己的人生方向。

Chapter 10

產生內在動機是孩子成材關鍵

給予選擇權 喚醒孩子自驅力

有時候，我很容易因為孩子的事情焦慮，我也一直在問自己，我希望女兒的作業做得又快又好，我希望她練琴不要我催催催，我希望她的閱讀計畫能夠順利進行……

感覺女兒面對學習經常有一種力不從心的感覺，對待學業總是有沉重的負擔。因為我們作為家長，總是覺得孩子學得還不夠多、不夠快，所以會不自覺地持續給孩子加壓。再加上和他人比較，孩子從學習中根本得不到成就感和安心感，沉重的學習壓力減弱了她的自驅力。

在陪伴女兒成長的這些年，我也經常因為她寫作業拖拉或者不認真而發脾氣。特別是剛上小學時，她很不適應，一寫作業就發愁。所以，當女兒邊哭邊把那些我擦掉讓她重寫的內容慢慢完成的時候，我在一旁生氣地看著她，她小小的心裡也在生氣。

那時，我們心裡都很不好受。

作為一個大人，我們可以隨時調整自己的情緒，隨時讓自己安靜下來，甚至可以隨時躺平。

可是作為一個孩子，很多時候，她們內心的想法不敢表達出來，有時剛表現出來一點點，就被大人給否定掉了。

聽我的肯定沒有錯！

你只有這樣做才不會被老師批評！

不要找藉口，不要拖延時間！

指責和控制的聲音很多，傾聽和詢問的話語卻很少。所以，慢慢地我開始反思，是孩子做得不好嗎？還是我自己沒有關注到孩子的內心？

有一句話說：對大人而言，最難的是轉變態度。我們不能把孩子當成一個「問題」來糾正，同時，也要放棄「成年人總有正確答案」的想法。我們應該讓孩子因為興趣而做，而且在做的時候儘量感覺到快樂。這樣的學習，才能激發孩子的自驅力；這樣的感受，能讓孩子保持終身學習的動力和熱情。

我覺得無論是自覺學習的意願，還是鑽研難題的毅力，本質上都是「自驅力」程度的體現。

自驅力的本意是「自我」驅動做事的能力，學習就只和孩子自己有關，父母老師做的事再怎麼有幫助，也只能叫作「外驅力」，就算是行之有效也無益於孩子自驅力本身的提高。這就相當於大樹總是保護著小樹，或者像手把手領著孩子向前跑，一旦大人停下撤掉了外力，孩子就不知道如何向前。

正如《把信送給加西亞》一書作者阿爾伯特·哈伯德（Elbert Hubbard）所說：「當父母為孩子做太多時，孩子就不會為自己做太多。」

自我決定理論認為，人有3大基本心理需求：自主需求、能力需求和關係需求。

~ 自我決定論的人類 3 種基本需求 ~

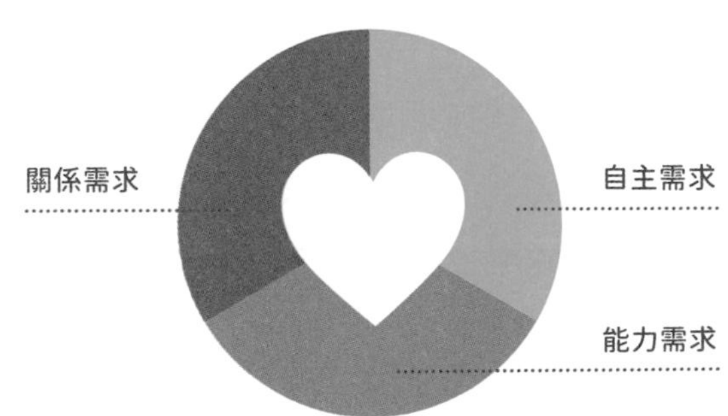

很多家長最煩惱的事情之一，就是好多事情告訴了孩子很多遍，可是孩子不但不聽，還有很多負面情緒。

實際上，被動不如主動，「自驅力」是孩子自己成長的任務，要讓孩子感覺到自己的「價值感」。孩子做完一件自己喜歡的事情後，內心會感到滿足：原來我可以做到，原來我真的很棒，我是有價值的。

孩子會為了追求這樣的價值感，願意把一件事不停深入地做下去，就算是中途遇到困難，也只會讓他們感覺更有趣。我們要相信孩子成長的力量，信任自己的小孩，當他們擁有了掌控感和選擇權，發現要對自己做的事負責，他們就會很慎重地對待自己的行為。

我們不要總是抱怨孩子做事不積極，做事拖延愛犯錯，當孩子害怕犯錯、害怕嘗試和抉擇、無法支配和掌控自己生活的時候，他又如何能做到支配和掌控自己的思維呢？

哪怕孩子現在慢一點、笨一點、差一點，只要一切都是他自己做的，而非依靠外力的輔助，那他每學會一點點東西、每掌握一點點的內容，都具有非凡的意義。

我們要做到讓孩子有歸屬感，因為面對父母的接納和包容，孩子會感覺自己無論做什麼，父母都不會變臉，都會包容自己。歸屬感被充分滿足的孩子，也會更加用心去做自己喜歡的事情。

當孩子透過自己的努力，發現自己確實可以完成一些目標時，他們就會產生一定的勝任感。而且隨著孩子成功經驗的增多，他們對學習的自信心也會越來越強，周圍人的認可也會讓孩子有歸屬感，促使孩子的學習積極性變得更強。

自驅力是自我成長的根本動力，我很認同一個理念，教育從來都不是嚴控、反抗，而是尊重、平等，和善與堅定同行。我們要幫助孩子提出問題：我想要什麼？我喜歡什麼？我擅長什麼？

首先，我們作為家長要幫助孩子發現自我，幫助孩子學會尋找自己的優勢，發現孩子感興趣的事物。然後說服孩子制訂一些可實現的小目標，讓孩子專注於點滴小事，做到自律自覺，逐漸變得有力量。有目標感的孩子，會更懂得將目標轉化成行動，並且形成習慣，慢慢擁有強大的意志力。

然後家長要學會對孩子進行鼓勵，給予孩子充分的支持。

兒童心理學家魯道夫・德雷克斯（Rudolf Dreikurs）在《孩子：挑戰》一書中提到：鼓勵孩子，一半指的是避免羞辱或過度保護的行為，從而不會令他們氣餒。如果我們的行為讓孩子感到對自己缺乏信心，就容易造成孩子氣餒。另外一半指的是學會鼓勵孩子。只要我們表達出對孩子勇氣和自我認知信念的支持，我們就鼓勵了孩子。

出版多本正向教養書籍的簡．尼爾森（Jane Nelsen）說：鼓勵是給孩子提供機會，讓他們培養「我有能力，我能貢獻，我能影響發生在我身上的事情，我能知道我該怎麼回應」的感知力；鼓勵是教給孩子在日常生活和人際關係中，所必需的人生技能和社會責任感；鼓勵可以簡單到是一個幫助孩子感覺好起來，從而做得更好的擁抱。

給孩子以耐心、時間和空間，並允許孩子「犯錯誤」，充分發揮他們的極限去完成一個任務。根據孩子的年齡，父母可以提供「最少」的幫助，而不要完全「替代」他們去完成，這種帶有最大限度「自主完成」的過程，會增強孩子的勝任感和自主感，從而讓他們的自驅力變強。這樣孩子才會有更多的信心去挑戰下一個難關。

作為家長，我們要學會尊重孩子，讓孩子不再圍繞著大人的想法和感覺轉，學會關注他們自己的內心世界。孩子會發現父母的愛給了他們安全感，而他們也會朝著家庭

和社會的期待，去成為愛學習、積極生活的人。

只有父母能夠給孩子足夠的空間去探索，去嘗試新的事物，孩子才有可能變得更勇敢。

只有點燃孩子的熱情，才能激發出孩子身上無窮的潛力。

對世界保持好奇之心。隨著閱歷的增長，對這個世界的了解更加深入，孩子會激發內心的那股力量，最終形成自驅力。

自驅力需要一個從量變到質變的過程，如果父母轉變思維方式，把捆綁陪讀模式改為激發孩子的內驅力，孩子也會更願意做出正確的選擇，並且為自己的選擇做出努力。

多餘的擔心 會令孩子根基不穩

父母對孩子的焦慮和擔憂是與生俱來的，遇到一點小問題都會煩惱不已：

今天在學校好不好？被老師批評了嗎？有同學欺負你嗎？

不好好複習，考試怎麼辦？

你一個人去好朋友家怎麼行？你記得路嗎？遇到壞人怎麼辦？

幾乎每一個當媽的，都曾經歷過這樣的時刻。然而，父母的過度擔心，對孩子來說可能成為一種傷害。因為家長的過度擔心，本質是對孩子的不信任。

事實上，很多家長都低估了孩子自身的潛力，很多事情並不是孩子不會做，而是家長根本不相信他們，也不願意給孩子機會。

心理學上有個墨菲定律：任何事都沒有表面看起來那麼簡單，如果你擔心某種情況發生，那麼它就更有可能發生。有時候家長越有意無意地強調，所擔心的事情就越有可能發生。

比如孩子在比賽前，父母反反覆覆強調：「一定不要發揮失誤！一定要取得好成績！」本來抱著平常心參賽的孩子，看到父母這麼擔心焦慮，也會跟著緊張起來，在比賽中就會不自覺地發揮失誤。

再比如孩子嘗試著掃地和洗碗，媽媽看到總是忍不住大聲提醒：「你掃得一點都不乾淨，小心別把碗打破，如果打破了，就再也別洗了!」孩子瞬間變得畏首畏尾。面對家長的過度擔心，孩子感受到的是自己的無能。這種行為的潛臺詞是：你還小，如果沒有媽媽在，你一件事都做不成。

父母的過度擔心，似乎總在提醒即將發生的壞事，孩子也很容易被父母傳達的這種負面暗示所影響。

同樣，如果完成學業、待人接物、就業婚姻這每一個環節父母都操碎了心，想方設法替孩子多做一點，那麼孩子就很少有機會展示自己的能力，孩子的獨立性和責任感也就變得越來越差。

其實，每個孩子都是在一件件小事中不斷成長的，當他成功地學會一件事情後，他受到的鼓勵會越來越多，這才是自信和獨立的開始。

父母都很會為孩子著想，擔心他們的人生發展，這些我們都很能理解。只是，這樣的擔心和干預需要保持一個合適的度。過度的擔心反而會在親子關係中產生負面作用。父母總是對孩子不放心，時時提醒，孩子就會感覺到爸爸媽媽並不信任自己的能力，自己在爸爸媽媽的心裡不是一個能幹的孩子。

更何況擔憂會給孩子造成壓力，他們感受到父母寄予了厚望，可能會對自己有更高的要求。一旦無法達到父母的要求，很多孩子就會喪氣，最終不堪忍受這樣的壓力，萌生出放棄的念頭。

人生時期不同，發展重點也不同，當孩子需要照顧時，我們放棄自己的興趣無可厚非，畢竟那是我們最重要的人，但是在孩子開始成長的時候還是要學會放手。家長要多給自己一些時間，拾起自己的興趣愛好，給自己留出獨處放鬆的時間，留些鍛鍊保養自己的時間，你是什麼樣，孩子就是什麼樣。

孩子的成長，需要父母放手，放手不是讓父母放鬆監管，更不是袖手旁觀，而是讓孩子去做那些自己會做的、能做的事情。我們要在充分了解孩子的基礎上，把孩子當成獨立的人，鼓勵孩子做出自己的選擇，讓孩子對自己做出的選擇承擔後果。

當家長不再焦慮擔心，孩子就不會焦慮。

真正愛孩子，絕不是因為過度擔心而把他呵護得無微不至，重要的是，要讓他在無數的經歷和挫折中成長，這才是真正負責任的愛。

別在無意中 破壞孩子內在動力

嬰兒一出生，就不斷向外抓取，尋求外界對自己的滿足。嬰兒的宗旨是，整個世界與我一體，世界要無條件地圍著我轉，滿足我的所有需求，這樣我就會怡然自得。

如果嬰幼兒時期的全能自戀被充分滿足，孩子就具備穩定的自我存在感。也就是說「我」先存在了，然後才能安心地去做自己想做的事情。

而嬰幼兒時期全能自戀受到嚴重挫折的孩子，他的內在沒有存在感，沒有自己的中心。

很多人會說，我家孩子很內向，見到陌生人總是不敢說話，總要找媽媽之類的，那也是因為孩子的專注力被破壞，安全感不足。當嬰幼兒不斷地被滿足，在吃、睡、玩和陪伴上完全地得到滿足的時候，他就會對外界充滿完全的熱情和動力。只是很多家長會在孩子的嬰幼兒階段，就不停地教育孩子要大膽、要禮貌、要獨立，這反而讓孩子不知所措了。

一個孩子在嬰幼兒時期，最主要的訴求就是被父母及時滿足。當孩子到了兒童時期，他的主要訴求變成了自由探索、不被評判和打擾。在這個階段，很多家長會有意無意地用外力破壞孩子的內在動力。

很多在生活中被父母干擾太多的孩子，會沒有自己的中心，總是要向外「抓取」，要麼到外面去找好玩的事兒，要麼顯擺自己以贏得關注，長大之後，不能靜下心來長久地做一件事情。

因為他們的內心總是缺乏安全感，若沒有外界事物來分散他的注意力，他一碰觸到自己的內在，就會莫名其妙地坐立不安、空虛迷茫。不能仔細地感受自己、觀察自己、反思自己，匱乏自我成長的能力。

這樣的孩子，因為缺乏由內而外發出的持久內驅力，會進而喪失規劃自己人生的能力。

作為父母，不要破壞孩子的內驅力。

孩子在成長的過程中，總是會對各種事情充滿好奇心。生活中的酸甜苦辣，其實都是需要孩子自己探索的，但是有的家長會過度干涉，不讓孩子隨著天性發展，總是給孩子灌輸家長個人的意願，這樣一來，給孩子造成的印象是，學習和生活都是為了獲得父母的認可，是出於生存危機的恐懼，天然的內驅力就這樣被替換成了外驅力。

孩子玩玩具的時候，也是一種體驗的過程。而大人打擾孩子的體驗，也就破壞了孩子的專注力。當這種打擾經常發生，家長的干擾會讓孩子體驗不到玩玩具的整個樂趣，會導致孩子對當下所做的事情失去快樂的體驗，之後就會出現家長口中所說的坐不住、沒耐心、只喜歡看電視玩手機、學習不認真之類的現象。

外力除了破壞專注力，還會給孩子增加恐懼和愧疚感。比如威脅孩子「再不聽話媽媽就不愛你了」，讓孩子內心缺乏安全感；為了一些目的，恐嚇孩子「你要是不刷牙，蟲子就會來抓你」、「你要是不好好學習，將來考不上好大學，你的人生就毀了」。

那些為了讓孩子聽話而嚇唬孩子的小手段，會在無形中削弱孩子內在力量。孩子一旦沒有按照媽媽的要求做，就會在內心產生愧疚，在天然的愛與愧疚中消耗力量。這些教育孩子的方式，其實都是屬於限制性的教育觀念。

孩子的內在動力，是就事物或活動本身而言，也就是說，孩子認為所學的事物或活動本身就是目的，覺得這些事物或活動本身有趣味、有意義、有價值，會給他們帶來挑戰與成就感，當一個孩子擁有高度內在動機，就是學習的最高境界。

當孩子在學習歷程當中整個人都很投入、很專注、很享受的時候，這個歷程本身就是獎賞，千萬不要用過多的外力去干涉。雖然外力也能驅動一個人，但它帶來的感覺是較勁、痛苦和內耗。靠外驅力支撐的人，能量難以持久，早晚會遭遇反噬。

很多孩子在很小的時候被父母步步緊盯著考出好成績，等高中或大學住校後成績往往急轉直下。好多男孩上了大學後，離開父母的外力，整天沉迷於玩遊戲，生活變得一團糟。這就是長期活在外力的壓迫中最終遭遇反噬的結果。

如果家長長期用外力干涉孩子，等孩子長大後，他們總是被動地等待被安排做事，總是被動地去生活。在做一件事情的時候，他們沒法擁有由內而外的熱情和創造力。

內在動力是很直接的，就是一個人的全身心都想去表達和創造，充滿了熱情和力量。每個人都有自己的內在動力，它是生命力本身。作為父母來說，我們要儘量保護孩子的內在動力，而不要用外力破壞它。

這需要父母明確自己和孩子的界限，不把自己的要求、期待、焦慮、恐懼加到孩子身上。

父母做好這些，孩子就能聽從內在的召喚，發展自己，擁有更多的能量和創造力。

我們努力維護好孩子的專注力，就是在培養孩子的內在力量。當一個孩子對一件事情有充分的體驗和信心，他們就能自信地表達和捍衛自己的觀點。當孩子的觀點和感受得到被尊重的時候，他們的內心力量就會穩定增長，讓自己在成長的路上實現人格的完整和獨立。

給媽媽的心裡話

媽媽適當佛系 孩子少點壓力

TIP 1 身懶心不懶

做媽媽可以稍微懶一些，如果太勤快了，不但辛苦自己，也剝奪了孩子成長的機會。

好多媽媽就是把孩子抓得太緊了，替孩子做了很多事情，如果放手，這些事情都讓孩子自己去做，媽媽每天自然輕鬆很多，會多出一些自己的時間。而且自己做事情對於孩子來說也是一種成長，這個社會的競爭這麼激烈，必須早早鍛鍊孩子自行解決問題的能力。

但這事說起來容易，做起來難，媽媽們都會覺得孩子需要自己，得隨時隨地在孩子身邊給予溫暖。有些時候並不是孩子不行，而是媽媽們覺得孩子不行，要事事自己過手，結果不但苦了自己，又耽誤了孩子的成長。

可是過度的包辦會導致孩子的過度依賴。媽媽在身邊時孩子可以依賴，如果長大後媽媽不在身邊，孩子又可以依賴誰？生活是不是會變得一團糟。

讓孩子「獨立自主」成長，孩子會更容易懂得感恩，知道父母的辛苦和不易。佛系媽媽最關鍵的一點就是要做到「身懶心不懶」。我們要儘量不在孩子面前表現得過於焦慮，透過儘早制訂學習目標、及時和孩子溝通、創造和諧家庭氛圍、合理家庭分工等方式，創造讓孩子獨立做事的環境，給孩子獨立自主、敢於嘗試的機會。

這樣才能潛移默化、不動聲色地幫助孩子。

TIP 2 「佛系」一點

每個孩子的成長，歸根究柢都是孩子自己的事情，任何人都替代不了。哪怕父母現在幫他做得再多、再全面，對孩子成長的本質來說，都無濟於事。

只有讓孩子自己不斷地嘗試、試錯、實踐，才能夠讓他們掌握各種生活技能，獲取經驗，學會自立、自我管理。

在管孩子這件事上，明智的父母都懂得「佛系」一點。「佛系」並不是完全撒手不管。愛與關心，情感上的溝通與交流，都是必要的。關鍵在於父母是不是懂得什麼是孩子應該自己負責的事情。

父母要弄清楚，幫孩子做的事情是孩子自己的任務，還是做父母的任務。如果是孩子自己的事，那麼媽媽就要佛系一點，忍得住一時之急，給孩子充分的信任和一定的時間，讓孩子自己體驗行爲帶來的後果，承擔相應責任，逐漸形成孩子的自覺意識。

當孩子慢慢地形成對自己負責的意識，孩子就會自發地調整自己的行爲，而且這種由他自己意識導致的主動轉變，比父母「管」出來的行爲要有意義得多。

媽媽們要適當「佛系」一點，給孩子更多獨立和自主，讓孩子更好地成長。

後 記

讓孩子像孩子那樣長大

紀伯倫有一首詩：

你的兒女其實不是你的兒女
他們是生命對自身渴望而誕生的孩子
他們借助你來到這世界
卻非因你而來
他們在你身旁卻並不屬於你
你可以給予他們的是你的愛
卻不是你的想法
因爲他們有自己的想法
你可以庇護的是他們的身體
卻不是他們的靈魂
因爲他們的靈魂屬於明天
屬於你做夢也無法到達的明天

當我們要求孩子像大人一樣成熟、穩重、精進時，我們是在把自己的想法強加到孩子身上，這對孩子來說，是一種巨大的不公平。

著名心理學教授錢銘怡在《青少年人格與父母養育方式的相關研究報告》中指出，父母的負面教育會直接影響其子女的性格。

~ 負面教育會影響孩子性格 ~

父母的態度與方式	子女的性格
支配性	依賴性、服從、消極、缺乏獨立性
溺愛	任性、驕傲、利己主義、缺乏獨立精神、情緒不穩定
過於保護	缺乏社會性、任性、依賴、被動、膽怯、深思、沉默的、親切的
過於嚴厲（經常打罵）	頑固、冷酷、殘忍、獨立；或怯懦、缺乏自信心、自尊心、言聽計從、不誠實
民主	獨立、互助合作、社交性、親切、天真、有毅力和創造精神、直爽、大膽、機靈
忽視	妒忌、情緒不安、創造力差、甚至有厭世輕生的情緒
父母意見分歧	易生氣、警惕性高；或兩面討好、好說謊、投機取巧

爲人父母，我們該明白，每個孩子都有自己的成長規律：1 歲流口水，2 歲吃手指，3 歲搶東西，4 歲沒禮貌，5 歲調皮，7 歲、8 歲惹人嫌……這些所有的壞習慣、壞毛病，其實都是他們對自己行爲規則、對世界運行底線的一種探索。

這些毛病是不好，但它們是成長必經的過程，而我們要做的，是放平心態，尊重孩子的成長規律，學會牽著蝸牛散步，耐心地等待孩子長大。

我們要允許孩子犯錯，允許孩子不優秀，允許孩子像孩子一樣長大。

讓孩子像孩子一樣長大，讓他有更多機會享受他的童年，讓他放肆奔跑釋放體能，讓他高聲尖叫宣揚快樂，讓他號啕大哭發洩情緒，讓他爬高下低地去探索這個豐富多彩的世界。

讓孩子，就只做一個孩子。

社會學家歐文・戈夫曼（Erving Goffman）曾在《日常生活中的自我呈現》一書中提出「擬劇論」一說，即在社會生活交往過程中，爲了某種目的，人們會透過閱讀和學習培養各種禮儀和談話技巧，並爲自己擦脂抹粉，

以確保自己在他人眼中的形象是自己想展示的類型。

其實成長的過程，就和演員在表演中塑造角色的過程相類似，我們經常說：人生如戲，戲如人生。

從某種角度來說，人生就是一個大舞臺。在這個舞臺上，我們扮演著各種角色，而那些角色會隨著人生階段、場合而不斷變換，每個角色都有自己要承擔的責任。有些演員因爲過分投入角色，拍攝結束後無法從中抽離，結果影響到了現實生活。同樣，我們在人生的某個階段，如果對自己的角色產生認識偏差，也會讓生活陷入混亂。

這種情況女性尤甚，因爲成爲「媽媽」的轉變在女性的生命歷程中是很特殊的一個階段，就像一場地震，掀起了從生理到心理天翻地覆般的改變。

有孩子後，「如何養育」就成了媽媽們生活中的一個重要部分，但我們可以看到在養育孩子的過程中，很多女性開始逐漸失去自我。正如一段話所說：「對於媽媽這個角色而言，最大的成就感來自養育孩子的過程。只是在這個過程中，過於強調了養育的部分，而忽略了媽媽作爲獨立個體的需求。」

當我們被「媽媽」這個角色淹沒，忽略了作爲「自己」的個體需求時，矛盾就會不斷在生活中出現，常有媽媽說：「我爲了你，失去了一切，你還不聽話！」類似這種帶著強烈控訴感的話語，恰恰證明了媽媽們遺忘了自我，從而將人生的壓力轉嫁到孩子身上。

事實是，沒有一個人應該承擔、可以承擔另一個人的人生。

想要眞正養育好孩子，關鍵就在於養育好媽媽自己，正所謂：育兒先育己。

讓媽媽像媽媽，讓孩子像孩子。媽媽要用自己的成長照亮孩子成長，把人生的方向指標交給你的心去指引，並決定去往哪裡，理性行動，即在定出方向之後，把如何執行以及達到目標的過程交給你的大腦，透過冷靜的思考、細緻的規劃去幫助你走到終點。

「孩子永遠長不大」，相信每一位母親在心中都是這麼認爲的。再大的孩子，只要有媽在，孩子就是有人疼的寶貝。雖然母親迥異，眞正的母愛卻都是相同的。

不管長大以後，你走多遠，那份愛都會一直伴隨左右，隨著四季更替，護你周全。

我們都會在某一個瞬間，突然覺得自己長大了，彷彿被點通了任督二脈，世間萬物皆順。而當了父母的我們，也會在某一刻發現，孩子也在不知不覺中長大了，不再是讓父母擔驚受怕的小孩，而是思想獨立、行動自由的大孩子了。

其實這個時期最考驗父母。孩子長大了，我們需要給孩子空間。需要和孩子溝通，而不是沒有詢問孩子的需求，直接按照大人的想法與要求，事無巨細地照顧他們。

孩子需要的不僅僅是愛、是呵護，他們需要的更多的是尊重與理解、認同與欣賞。孩子會更願意為父母付出，做一些具體的事情，進而體現自己的價值。

其實，孩子比你想像的更愛你。

孩子小的時候，如果跑出去玩，你會不安，總是擔心孩子被人欺負、摔傷，甚至腦補孩子被人拐騙的畫面。

孩子長大後，你出去吃飯，孩子會叮囑你小心開車，不要飲酒，中途還會不停地打電話給你，唯恐你出意外。那份認真，像極了曾經的你。

不管你接不接受，孩子都在一天天地長大。

其實，孩子什麼都懂。

只是，你不願意相信孩子會懂，你無法接受自己就這樣老去了，你不想失去被需要的感覺，你不能把孩子當作獨立的個體，你習慣被依賴，你覺得孩子永遠屬於你。

但是，我們要明白，孩子，只能成爲他自己。

每個孩子能做的都是他們所屬年齡段應該做的，永遠不要用大人的標準去要求孩子，因爲他們的自控力達不到大人的水準，要用孩子的眼光看世界，這樣你會明白很多行爲背後的動機。孩子不是眞的想惹媽媽生氣，社會的規則那麼複雜，指望一個孩子去理解大人的世界，那孩子能用於自我成長的能量一定就少了。

孩子有壞習慣時，如果父母的接納方式得當，他身上的壞習慣會自然地消失。孩子的問題，不一定是父母本身的責任，而是父母說話的方式造成的。我們要明白語言的力量，你說孩子是什麼，孩子就會成爲什麼。

更重要的是，你覺得孩子正好是你內心中認同的那個樣子，最後，孩子他就會眞的成爲你說的那樣。

孩子的表現是父母的一面鏡子：我們對他人的感受，

實際上是我們自己內心的反射。同樣地，在對待孩子時，我們實際上是在面對一面鏡子。

父母同樣受到文化、家族力量的影響。在孩子面前，我們首先要做的，是重新審視自己。

父母內心的寧靜、穩定對孩子十分重要。

請讓每一個孩子都像植物一樣體驗著四季交替，活成他本來的樣子。

媽媽的心情筆記

媽媽的心情筆記

媽媽的心情筆記

作者：易小宛

總編輯：張國蓮
副總編輯：李文瑜、周大為
責任編輯：李盈盈
美術設計：楊雅竹

董事長：李岳能
發行：金尉股份有限公司
地址：新北市板橋區文化路一段 268 號 20 樓之 2
傳眞：02-2258-5366
讀者信箱：moneyservice@cmoney.com.tw
網址：money.cmoney.tw
客服 Line@：@m22585366

製版印刷：緯峰印刷股份有限公司
總經銷：聯合發行股份有限公司

初版 1 刷：2024 年 3 月

定價：380 元

國家圖書館出版品預行編目（CIP）資料

當媽是一種修行：焦慮的大人聽不見孩子心聲，做一個不那麼累的媽媽！/ 易小宛著 . -- 初版 . --
新北市：金尉股份有限公司，2024.03
面； 公分 . -- (創富；62)
ISBN 978-626-98240-4-5(平裝)

1.CST: 家庭教育 2.CST: 子女教育
3.CST: 親子關係 4.CST: 自我實現

528.2 113002516

Money錢

Money錢